HEYNE ‹

W0060479

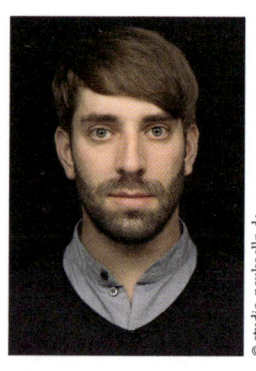

Daniel Erk, geboren 1980, hat Public Policy, Politikwissenschaft sowie Medien- und Kommunikationswissenschaft in Göttingen und Berlin studiert und ist Journalist und Autor. Er war bis Dezember 2008 Kolumnist für *Neon*; für die *taz* betreibt er seit 2006 den »Hitlerblog«, der 2010 als »bestes Weblog des Jahres« mit einem Lead Award in Bronze ausgezeichnet wurde. Texte von ihm sind unter anderem in der *Süddeutschen Zeitung*, auf *Zeit Online*, in der *Frankfurter Rundschau*, im *Bildblog* und der *Riesenmaschine* der Zentralen Intelligenz Agentur (Z.I.A.) erschienen. Daniel Erk wohnt in Berlin.

Daniel Erk

SO VIEL HITLER WAR SELTEN

WAR SELTEN

Die Banalisierung des Bösen oder
Warum der Mann mit dem kleinen Bart
nicht totzukriegen ist

WILHELM HEYNE VERLAG
MÜNCHEN

Verlagsgruppe Random House FSC-DEU-0100
Das für dieses Buch verwendete FSC®-zertifizierte Papier
Tauro liefert Sappi, Stockstadt.

Originalausgabe 02/2012

Printed in Germany 2011
Redaktion: Ulrike Nikel
Umschlaggestaltung: Büro Überland, München
Satz: Uhl + Massopust, Aalen
Druck und Bindung: GGP Media GmbH, Pößneck
ISBN 978-3-453-60178-9

www.heyne.de

Inhalt

Einleitung:
Der schon wieder: Warum
Adolf Hitler nicht totzukriegen ist

Jedem fällt zu Hitler etwas ein. Wirklich jedem.

Den Glossenschreibern in den Zeitungen, den Redenschwingern am Tresen ebenso wie denen in den Talkshows, den Historikern, den Zeitungsmachern und Politikern, den bezahlten Komikern im Fernsehen und den Scherzkeksen im Internet. Und alle, alle haben sie etwas zu Hitler zu sagen. Hitler macht weiter, Hitler ist überall – und scheinbar nicht totzukriegen.

Als ich vor einigen Jahren während einer Journalistenreise nach Tallinn, Estland, mit anderen, vornehmlich älteren Kollegen zur Stadtrundfahrt in einen Reisebus stieg, war das Erste, was der langhaarige Fremdenführer, Typ Soziologiestudent, sagte:

»Herzlich willkommen in Tallinn, dem alten Reval. Die Stadt ist sehr beliebt bei Touristen, besonders bei Deutschen. Wir hatten letztes Jahr so viele Deutsche in Tallinn wie seit 1945 nicht mehr.«

Sofort herrschte im Bus betretenes Schweigen. Nur einer lachte: ich. Obwohl ich nicht einmal genau wusste, warum. Vermutlich weil einfach stimmte, was der Fremdenführer gesagt hatte. Und weil es gleichzeitig die aufgesetzte Harmonie der Tourismus-PR zerdepperte. Der Reiseführer grinste.

Die Pointe war berechnet. Wahrscheinlich hatte der sogenannte »Guide« (das Wort »Führer« weckt ja unangenehme Assoziationen) sie weder spontan noch zum ersten Mal vorgetragen, und vermutlich erreichte sie immer ihr Ziel: nämlich mit einem lockeren, vordergründig lustigen Spruch die ignorante Unbefangenheit zu zertrümmern, die viele deutsche Besucher an den Tag legen – weil sie dank der »Gnade der späten Geburt«, wie Altkanzler Helmut Kohl das 1984 in einer Rede vor der israelischen Knesset genannt hat, mit »der Sache« nichts zu tun zu haben glauben. Aber ach: Selbst der alte Kohl hatte mit dieser Wendung seinerzeit eine kontroverse Diskussion vom Zaun gebrochen. Die Frage, ob es für Deutsche, auch für die »Nachgeborenen«, überhaupt auf absehbare Zeit ein Entrinnen geben kann, ist weiter offen.

Sehr pointiert fasste diesen Punkt vor wenigen Jahren der irische Komiker Dylan Moran zusammen: »Man spricht also mit einem modernen, netten, umgänglichen Deutschen, und er sagt so was wie: ›Es sind kritische Zeiten für Deutschland, innerhalb Europas und global, ökonomisch war es schon mal besser, aber die Theater- und Kunstszene ist sehr dynamisch …‹ und so weiter. Und während er so spricht, denkt man: ›Hm, ja, oh – Hitler, Hitler, Hitler‹.« So geht es vielen. Nicht nur Ausländern, auch Deutschen. Im Hinterkopf ist immer, immer Hitler.

Nein, es gibt keinen Weg, die deutsche Geschichte, Adolf Hitler, das Dritte Reich, den Zweiten Weltkrieg und den Holocaust vergessen zu machen. Zu viele Menschen sind gestorben, zu viel Leid ist geschehen, und das vor noch gar nicht langer Zeit.

Und so war die Bemerkung des estnischen Reiseführers nur eines von vielen Tausenden Beispielen, die unterstreichen, dass Adolf Hitler, das Dritte Reich, der Zweite Weltkrieg und der Holocaust zwar Geschichte sind, aber doch bis ins Hier und Heute nachwirken.

Ob wir es also wollen oder nicht, ob wir es mögen oder nicht: Das Dritte Reich bleibt präsent – in der Politik als Erinnerung an das Versagen der Demokratie und als Mahnung für die Zukunft. In den Medien als beliebter Gegenstand von Dokumentationen und Lehrstücken, in den wieder aufgebauten Städten in Form von Mahnmalen und Gedenkstätten. Und im Alltag in Gestalt von Graffiti, Liedern und Gedichten sowie fragwürdigen Schmierereien auf Bahnhofstoiletten.

Auch in unseren Wortschatz, in unsere Witze, in unsere Träume und Ängste hat Hitler, der »Führer« und Verführer (gerne mit rollendem R als »der Föhrer«), Eingang gefunden – fast immer dargestellt als das Böse, der Teufel in Person, als erbärmliche Witzfigur, als verrückter, wirrer Mann.

In welcher Inkarnation auch immer: Hitler lebt. In uns, in unserer Gesellschaft, auf hohem kulturellem und wissenschaftlichem Niveau ebenso wie in den Niederungen von Werbung und Massenunterhaltung. Mit Distanz und einer gewissen Bitterkeit, aber mit noch mehr Erstaunen muss man heute feststellen: So viel Hitler war selten.

Dabei, und das mag für viele erst einmal überraschend klingen, ist durchaus nicht immer der Adolf Hitler aus dem Geschichtsbuch gemeint. Dieser Hitler, der heute durch die Gazetten und Fernsehkommentare geistert, ist vielmehr ein Abziehbild und Schatten – ein Hitler-Gespenst, das in Europa und der Welt umgeht. Ein medialer Wiedergänger, dem jede Widersprüchlichkeit genommen wurde. Dieser Hitler gilt als Alleinschuldiger für Krieg und Völkermord, denn nicht die Deutschen, Hitler allein ist in der Vorstellung vieler schuld an Holocaust und Angriffskrieg.

Diese Banalisierung des Bösen ist nicht bloß ein Nebeneffekt, der zwangsläufig passiert, wenn man so komplexe Geschehnisse wie Nationalsozialismus und Holocaust auf 90 Kinominuten, eine Zeitungsseite, eine Pointe oder eine Stunde Fernsehen zusammenstreichen muss. Sie ist oft auch deshalb willkommen, weil sie für die Deutschen eine gute Gelegenheit darstellt, sich von jedem Verdacht freizusprechen, alle Schuld und jede Mitverantwortung für die unsäglichen Verbrechen von sich zu weisen und stattdessen alles auf ihn zu schieben – auf Hitler, die Personifikation des Bösen schlechthin.

Bisweilen erinnern die Aufarbeitung des Geschehenen und der Umgang mit der Frage nach Schuld und Verantwortung an die leichtfertigen Kommentare von Jugendlichen, die im Suff etwas Dummes angestellt haben: Tut mir leid, war ja gar nicht ich, das war dieser Hitler, an dem ich mich besoffen habe. Kommt nicht wieder vor. Und jetzt Schwamm drüber, bitte.

So konnte es geschehen, dass dieses Hitler-Bild zur rhetorischen Mehrzweckwaffe wurde. Es eignete sich gleichermaßen als Müllhalde für kollektive Schuld und Verantwortung wie als Schreckgespenst. Mit ihm kann man alles, wirklich alles machen. Und so wird er mittlerweile sogar als Vergleichsgröße herangezogen, wenn es darum geht, die vermeintliche Abscheulichkeit heutiger Politiker zu bemessen – als handle es sich bei Hitler um eine Maßeinheit. Wie viel Hitler steckt etwa in Kim Jong-il, dem nordkoreanischen Despoten? Wie war das mit George W. Bush? Und was ist mit Barack Obama? Ist er vielleicht auch ein bisschen Hitler? Und sei's nur ein klitzekleines bisschen? Alles verfügbare Wissen, aller Anstand hält selten jemanden davon ab, eine der unsäglichen Hitler-Analogien zur Anwendung zu bringen. Und so haben Obamas radikale Gegner im eigenen Land ihren Präsidenten wegen eben der Einführung einer gesetzlichen Krankenversicherung mit Hitler verglichen.

Doch die Hitler-Figur ist längst aus dem politischen Bereich herausgetreten und durchlebt eine zweite Karriere als Werbefigur – und zwar keineswegs von einer Seite, von der man es erwarten würde. Nicht Neonazis und Faschisten, sondern die ganz gewöhnliche Produktwerbung versucht immer wieder mit Hitler auf einfache und billige Weise zu zeigen, dass etwas unaussprechlich abscheulich ist und somit als verbrecherisch zu gelten hat: Rauchen etwa, das Abholzen von Wäldern, die Verarbeitung von Pelzen, Käfighaltung von Tieren.

Aber selbst für die Erzeugung von Glücksgefühlen muss bisweilen Hitler herhalten. Da wird dann in Anzeigen suggeriert, eine asiatische Nudelsuppe oder ein rumänisches Radio seien so umwerfend, dass sie selbst einen Menschen wie Hitler handzahm und friedlich gemacht hätten. Wie weit solche Assoziationen gehen, hat das Satiremagazin *Titanic* mehrfach kritisch hinterfragt und ad absurdum geführt.

Das Spiel mit Hitler ist, zumindest in Deutschland, auch rechtlich eine Gratwanderung. Paragraf 86a des deutschen Strafgesetzbuchs regelt nämlich, dass Symbole verfassungsfeindlicher und verbotener Organisationen nicht in der Öffentlichkeit gezeigt werden dürfen. Und zu diesen Symbolen gehören nicht allein das Hakenkreuz, die Siegrune und der Totenkopf der entsprechenden SS-Division, sondern auch die Phrasen »Sieg Heil«, »Heil Hitler« und »Meine Ehre heißt Treue« sowie Bilder vom Kopf Adolf Hitlers. Das Verbot gilt tatsächlich vollkommen unabhängig von der zugrunde liegenden Absicht oder Gesinnung – mit einer Ausnahme. Nämlich dann, wenn mit solchen Symbolen und Sätzen offenkundig die Gegnerschaft zum NS-Regime ausgedrückt werden soll.

Diese juristischen Feinheiten haben natürlich kaum jemanden davon abgehalten, sich am Phänomen Hitler abzuarbeiten. Hitler ist längst zu einer beliebten Witz- und Comicfigur mutiert – mäßig begabte Komödianten bedienen sich bei ihm ebenso unqualifiziert wie Cartoonisten, Texter, Theatermacher und Musiker.

Bob Geldof etwa, der seit seinem Hit *I Don't Like Mondays* vor allem als selbst ernannter Botschafter Afrikas durch die Gazetten tingelt, veröffentlichte mit seiner Band Boomtown Rats in den Siebzigern ein Lied mit dem Titel *I Never Loved Eva Braun*, in dem er sich als Adolf Hitler eher nebenbei zur Verantwortung für Weltkrieg und Völkermord bekennt. »Ja ja, der Weltkrieg, ja ja, die Lager«, singt er. Bloß eines mag sich dieser Geldof-Hitler nicht in die Schuhe schieben lassen: dass er Eva Braun je geliebt habe.

Geldof war damit bei Weitem nicht der Einzige. In den Neunzigern sang die gar nicht mal so schlechte US-Surfpunk-Band »The Mr T. Experience« ein vor Liebeskummer und Selbstmitleid triefendes Lied mit dem schönen Titel *Even Hitler Had a Girlfriend*. Die Richtung dürfte klar sein.

Überhaupt scheint es – angesichts der Schwere des Themas – doch überraschend verlockend zu sein, Hitler zu parodieren, dröhnend die Stimme schnarren zu lassen, sich einen Hitler-Bart ins Gesicht zu kleben oder ein Hakenkreuz an die Wand zu schmieren. Oder eine noch so banale Diskussion mit dem Verweis auf Hitler und die Nazis beziehungsweise mit einem noch so abwegigen Naziverdacht zu beenden. Die Empörungsmaschine funktioniert ja schließlich fast immer.

Wo die deutsch-jüdische Philosophin Hannah Arendt in ihren Reportagen über den Prozess gegen Adolf Eichmann, der 1961 in Jerusalem stattfand, über den Organisator der Deportationen und des Holocausts noch von der »Banalität des Bösen« sprach, bleibt angesichts dieser neuen Allgegenwärtigkeit Hitlers bloß noch eine Banalisierung des Bösen festzustellen.

Dazu hat auch die Verarbeitung des Dritten Reiches durch die Unterhaltungsindustrie beigetragen. In dem Moment, da sich Hollywood dem Holocaust zuwandte – wie mit *Anne Frank – Die wahre Geschichte* und vor allem mit *Schindlers Liste* –, blieb das nicht ohne Konsequenzen für den alltäglichen Umgang mit Personen, Symbolen und Inhalten des Nationalsozialismus.

Und natürlich lebt man zudem gut davon: Oliver Hirschbiegels Film *Der Untergang* von 2004 haben mehr als 4,5 Millionen Deutsche im Kino gesehen – das weltweite Einspielergebnis soll 92 Millionen US-Dollar betragen haben. Das Hamburger Nachrichtenmagazin *Der Spiegel* hatte bis 2010 insgesamt 46-mal Adolf Hitler oder einen anderen Nazi auf dem Cover. Und allein zwischen 1995 und 2009 wurden ganze 13 Dokumentationen von Guido Knopp zu Hitler und zum Zweiten Weltkrieg ausgestrahlt. »Der Tod ist ein Meister aus Deutschland«, schrieb Paul Celan in seiner *Todesfuge*, dem vielleicht eindringlichsten Gedicht über den Holocaust. Heute klingt das wie ein Fluch: Immer, immer wenn es um Tod und Verderben geht, ist Hitler als Meister aus Deutschland nicht fern.

Wenn man nun, wie ich, ein Blog betreibt (seit 2006), das den recht eindeutigen Namen *Hitlerblog* trägt, und die daraus erwachsenen Erkenntnisse zudem zu einem Buch zusammenfasst, dann ist dies wohl der Moment für Selbstkritik: Natürlich leben Buch wie Blog ebenfalls von dem Faszinosum Hitler. Natürlich sitzt man als Autor im Glashaus, wenn man einerseits dieses seltsame Bedürfnis nach morbidem Skandal und grenzwertiger Unterhaltung bedient – und all das andererseits aus guten Gründen ablehnt. Aber wie soll man einen Gegenstand ergründen, ohne sich ihm zu nähern? Freilich, der Grat ist schmal und das Dilemma groß.

Das allerdings ist wenig neu oder überraschend. Bereits im Februar 1989 schrieb etwa Henryk M. Broder in einem *Spiegel Spezial* unter dem an das Satiremagazin *Titanic* erinnernden Titel »100 Jahre Hitler«: »Ein Dutzend ernst zu nehmender Biografien gibt es über Adolf Hitler (u. a. von Maser, Shirer, Toland, Fest, Bullock, Heer), die Zahl der Arbeiten, die sich mit der Kindheit, der Persönlichkeit, dem Werk und den Folgen seines Schaffens beschäftigen, ist Legion. Eine 1984 erschienene Studie (*Hitler-Interpretationen 1923-1983*) zählt rund 1100 Titel auf, bei denen es sich nur um eine Auswahl aus einem noch größeren Sortiment handelt. Und ständig kommen neue Arbeiten hinzu.«

In diesem Berg der Anmerkungen zu Hitler befinden sich, selbstverständlich, auch ganz irr- und unsinnige Arbeiten. Das folgende Beispiel etwa klingt eher nach einem Scherz der Satiriker der *Titanic*, denn nach einer seriösen wissenschaftlichen Arbeit. Und ist doch ganz so gemeint: Im Frühjahr 2010 veröffentlichte die Krefelder Zahnärztin

Menevse Deprem-Hennen eine Doktorarbeit mit dem rei-ßerischen Titel *Dentist des Teufels*. Gegenstand der Untersuchung war Johannes Blaschke, der persönliche Zahnarzt Adolf Hitlers, sowie das, medizinisch gesehen, lose Mundwerk des Diktators.

Nun mag man sicherlich auch am Beispiel der Person Hitler zeigen können, dass man sein zahnmedizinisches Vokabular beherrscht und allerlei über Mundfäule und Karies zu berichten weiß. Doch was lässt sich durch eine zahnärztliche Bestandsaufnahme über Hitler-Faschismus und NS-Programmatik, über KZs, Holocaust und Vernichtungskrieg lernen? Und wie passt der marktschreierische Titel der Arbeit zu der profanen Erkenntnis, die Frau Doktor später in der Boulevardpresse zu Protokoll gab: »Wahrscheinlich hatte Hitler wie viele Menschen Angst vor dem Zahnarzt.«

Diese ins Absurde abgedriftete Wissbegierde hatte ursprünglich natürlich eine nicht ganz unwichtige Funktion, galt es doch, die Jahre des Dritten Reiches mit ihrer Vorgeschichte und ihren Nachwirkungen nicht nur historisch, sondern auch gesellschaftlich aufzuarbeiten. Genau das jedoch verweigerten viele Deutsche lange und hüllten sich in Schweigen. Aber hätte es nicht einen anderen Weg gegeben, als erst jahrelang nichts zu sagen, um später in eine fast uferlose Hitler-Plapperei zu verfallen?

Natürlich ist es grundsätzlich begrüßenswert, wenn sich auflagenstarke Magazine oder große Fernsehsender mit gewisser Regelmäßigkeit den von Deutschen vor gar nicht allzu langer Zeit begangenen Verbrechen widmen, um zu ergründen und zu begreifen, wie es so weit kommen konnte. Bloß glaubt leider mittlerweile kein Mensch mehr, dass es dabei tatsächlich allein um Aufklärung und Moral geht.

Dazu noch einmal Henryk M. Broder, der in dem bereits erwähnten *Spiegel Spezial* (2/1989) beinahe prophetisch schrieb: »Was macht die Menschen so kirre? Es sind ja nicht nur die sogenannten Ewiggestrigen und die paar Neonazis, die glasige Augen und feuchte Hände kriegen, wenn ER aus der Gruft der Geschichte aufsteigt. Eine mögliche Erklärung wäre: Die Beschäftigung mit dem Dritten Reich, egal ob kritisch, apologetisch oder affirmativ, hat einen überaus hohen Unterhaltungswert.«

Broders Beobachtung ist einleuchtend und gleichermaßen verblüffend, wird die Aufarbeitung der Nazizeit gemeinhin doch eher als schmerzhafter, obwohl notwendiger Prozess oder gar als masochistische Selbstgeißelung verstanden. Und nicht als Sujet mit »überaus hohem Unterhaltungswert«. Natürlich dient die Auseinandersetzung nicht nur der Unterhaltung. George Tabori, aus Ungarn gebürtiger Schriftsteller und Theatermacher, unter anderem mit der Hitler-Farce *Mein Kampf* (1987) bekannt geworden, sieht für diese Obsession eher einen tiefer gehenden Grund, den er einmal so umriss: »Es gibt Tabus, die zerstört werden müssen, wenn wir nicht ewig daran würgen sollen.«

Noch kürzer formulierten das in den Neunzigern die Werbeplakate für Walter Moers' Comic:

Adolf. Äch bin wieder da, auf denen zu lesen stand: »Darf man über Nazis lachen? Nein, man muss«. Was aber die »richtige Seite« ist und wo sie genau anfängt, ist unklar und umstritten.

Ähnlich unklar ist auch, worüber und warum man eigentlich lacht, wenn der Name Hitler fällt. Lacht man aus Unsicherheit? Über den oft so heuchlerischen, verlogenen, verkrampften und dümmlichen Umgang der Deutschen mit ihrer Geschichte? Über die alberne Wortwahl und die falsche Betroffenheit und die gleichzeitige, oft gar nicht so klammheimliche Faszination? Lacht man, ob man nun will oder nicht, dabei nicht zugleich immer auch über die Opfer?

Oder lacht man tatsächlich nur über den eben doch nicht so »großen Diktator«, ganz im Sinne Charlie Chaplins, der 1940, anlässlich der Premiere seines berühmten Films, sagte: »Was das Komische an Hitler betrifft, möchte ich nur sagen, dass es, wenn wir nicht ab und zu über Hitler lachen können, noch viel schlechter um uns bestellt ist, als wir glauben. Es ist gesund zu lachen, auch über die dunkelsten Dinge des Lebens.«

Richtig ist sicher, dass viele der Witze mit und über Hitler so etwas wie eine kathartische Wirkung haben können. Der englische Journalist Johann Hari erzählte einmal in einer Sendung des britischen Channel Four über Humor und das Dritte Reich, wie er in London in einer Aufführung der Musicalversion von Mel Brooks' Hitler-Parodie *Springtime for Hitler* neben einer Holocaustüberlebenden gesessen habe, die sich köstlich amüsierte. »Ich fand«, sagte Hari, »dass dies der größte Erfolg war, den man haben konnte.« Das ist sicher richtig, aber ein Aspekt bleibt außen vor: Um sich über Mel Brooks' Hitler-Parodie zu amüsieren, muss man zuallererst Holocaust und Zweiten Weltkrieg überlebt haben.

Bei genauerer Betrachtung dienen sehr viele der Hitler-Scherze von heute allerdings einem sehr klar umrissenen Zweck: Das Lachen über und rund um Hitler ist zur Abwehrmaßnahme gegen von oben verordnete Betroffenheit und schale, leere Floskeln geworden. Denn wo Trauer zu Rhetorik wird, wo man eine bestimmte bürgerliche Version des Antifaschismus vorgesetzt bekommt, wo Empathie kaum mehr von Ausverkauf zu unterscheiden ist und große Reden oft wie fleißige Lippenbekenntnisse wirken, da werden Satire und Zynismus zu Mechanismen der Notwehr.

Interessanterweise sind gerade die Deutschen sehr penibel und ängstlich, was solch bittere Pointen über dieses sogenannte »dunkelste Kapitel der deutschen Geschichte« betrifft. Deutlich penibler jedenfalls als Amerikaner, Engländer und Israelis. Beinahe so, als wollten sie ihre aufrechte, antifaschistische Gesinnung auf diese Weise unter Beweis stellen – blöderweise einige Jahre zu spät.

Ziemlich unverkrampft geht man dagegen vor allem in den USA mit dem Dritten Reich um. Dort wurde es, als Hirschbiegels *Untergang* in die Kinos kam, geradezu zum Sport, die zentrale Sequenz des Films – Hitler realisiert, dass der Zweite Weltkrieg verloren ist – mit neuen und möglichst abwegigen Untertiteln zu versehen. Da unterlegt man dem verwirrten Diktator etwa, sich über die Auflösung einer Popband aufzuregen, über Sportlertransfers, die Spielkonsole XBOX und anderes mehr. Ähnliches ist übrigens aus Großbritannien zu vermelden – und aus

מאתיים חמישים שקל!

Israel, wo es beispielsweise um die Parkplatzsituation in Tel Aviv ging.

Dass es überhaupt im Zusammenhang mit diesem Film zu solch einer Flut an Parodien kam, liegt daran, dass das Untergangsepos nicht synchronisiert wurde, sondern als deutsche Originalversion mit Untertiteln in die Kinos kam. Mag sein, dass es dadurch an den *Großen Diktator* erinnerte, in dem Chaplin ein ausgedachtes, ans Deutsche angelehntes Kauderwelsch spricht, und dadurch eine unfreiwillige komische Note bekam. Einerseits.

Andererseits zeigt der Film die Person Hitler in Nahaufnahme, und zwar als emotionalen, verzweifelten, cholerischen alten Mann. Den sonst Dämonisierten mit einem Mal schlicht menschlich vorgesetzt zu bekommen, erzeugt zwangsläufig eine Art Spannungsfeld. In dem so eröffneten Spielraum zwischen Klischee und historischer Persönlichkeit, zwischen geschichtlicher Wahrheit und Unterhaltungsindustrie gab es plötzlich Platz für vielfältige, also auch absurde Deutungsmöglichkeiten. Und wenn man es so will, gab es mit den neuen Untertiteln auch einiges zu lachen.

Wie groß dieser Spielraum für böse Scherze zum Dritten Reich ist, hängt sehr stark vom Land ab – und vom Jahrgang. Tendenziell scheinen die betroffenen Generationen und Länder verständlicherweise sensibler im Umgang mit der ja selbst erlebten Geschichte zu sein, während die Nachgeborenen ebenso wie Bewohner aus entfernten Weltregionen, beide ausgestattet mit einer größeren Distanz, deutlich respekt- und rücksichtsloser zu Werke gehen.

Einen Sonderfall stellt Israel dar. Trotz vieler Familien, deren Angehörige im Holocaust ermordet wurden, trotz einer Vielzahl von Tabus, die den Völkermord umringen, verbindet sich hier beides mit einem speziellen, bitteren Humor – eine Mischung, die einen recht eigenartigen Nährboden für Witze mit sehr makaberer Note begünstigt hat.

In einem Sketch malen sich etwa die Komiker Yoni Lahav und Guy Meroz Folgendes aus:

Guy: »Also, wie du siehst, ist es sehr einfach, ein Musical zu schreiben. Yoni, was für ein Musical hast du vorbereitet?«

Yoni: »Okay. Weil für Musicals normalerweise Märchen herangezogen und einfach zu Musik vorgetragen werden, hatte ich echt Schwierigkeiten, mich zwischen Biene Maja *und* Winnie Pooh *zu entscheiden, also habe ich mich schließlich für das bekannte Märchen* Anne Frank *entschieden.«*

Guy: »Ich bin mehr als stolz und könnte vor Freude geradezu an die Decke springen, denn ich darf die Uraufführung von Anne Frank – das Musical *ankündigen! Sie haben das Buch gelesen, Sie kennen den Film – erleben Sie nun* Anne Frank *in Dolby Stereo Qualität!*«

Im weiteren Verlauf skizzieren Lahav und Meroz, wie so ein Musical auszusehen habe, einschließlich an die Tür klopfender und dabei singender Gestaposchergen. Eine hinterhältige und treffsichere Satire auf die Kommerzialisierung des Holocaust, die wenig später von der Realität eingeholt wurde.

Während der Sketch von Lahav und Meroz letztlich doch nicht im israelischen Fernsehen ausgestrahlt werden durfte, wurde 2008 in Madrid tatsächlich ein Anne-Frank-Musical auf die Bühne gebracht. Rafael Alvaro, der Regisseur der drei Millionen Euro teuren Produktion in Madrid, beteuerte selbstverständlich, es sei ihm darum gegangen, mit den Mitteln der Musik Geschichte besser verständlich zu machen. Natürlich! Wer würde schließlich offen zugeben, dass sich die tragische, weltweit bekannte Geschichte der Anne Frank – im wahrsten Sinne des Wortes – »fabelhaft« auf ein inhaltlich niedriges, aber emotional bewegendes Niveau bringen lässt. Und dass so eine banale Holocaust-Operette gute Einnahmen verspricht.

Als mit *The Passenger* 2011 auch in London ein Holocaust-Musical aufgeführt wurde, versetzte dies Stephen Pollard, den Herausgeber des englischen *Jewish Chronicle*, der weltweit ältesten jüdischen Zeitung, verständlicherweise in Rage. Pollard beschrieb *The Passenger* als »fiktionales Psychodrama über eine Beziehung zwischen einem KZ-Wächter und einer Inhaftierten« und nannte das Musical eine »Hochglanzproduktion, die schauspielerische Grimassen des Leids« einem Publikum vorführe, »dass während der Pause an der Sektbar vorbeischaue«. Pollards

Urteil war ebenso knapp wie vernichtend: »The Passenger« sei »auf obszöne Weise unangemessen«.

Man sollte also meinen, es sei Konsens, dass Hitler-Deutschland und seine Verbrechen in den Fängen der Unterhaltungsindustrie nicht unbedingt gut aufgehoben sind. Vor allem nicht angesichts der Tatsache, dass in den kommenden Jahren mehr und mehr Zeitzeugen, Opfer wie Täter, sterben und Erinnerung und Gedenken an Drittes Reich, Weltkrieg und Holocaust somit immer abstrakter werden. Sobald das geschieht, tut sich fast zwangsläufig ein noch größerer Spielraum für Interpretationen, Banalisierungen und Schindluder auf, und die Gefahr, dass der geschichtliche Kern zunehmend ins Hintertreffen gerät, wächst weiter.

Wer weiß: Wahrscheinlich sitzt die erste Generation, die auf YouTube mehr über das Dritte Reich und Hitler erfährt als aus dem Geschichtsunterricht, bereits vor den Monitoren. Anders gesagt: Vielleicht sollte man die Vermittlung von Geschichte lieber nicht Boulevardblättern, Hobbykomikern und Hollywood überlassen, sondern diese Entwicklung eindämmen, soweit das überhaupt noch möglich ist. Denn die Banalisierung des Bösen geht unverdrossen weiter, und ein Ende ist nicht in Sicht. Es mag ja begrüßenswert sein, dass 70 Jahre nach Drittem Reich, Hitler und Holocaust den meisten noch etwas zu diesem Thema einfällt – aber müssen es fast ausschließlich Klischees und schlechte Scherze sein?

I. Nazivergleiche:
Genau wie Hitler, bloß schlimmer

Quizfrage: *Was haben Saddam Hussein, die CDU, Papst Benedikt XVI., Helmut Kohl, Slobodan Milošević, George W. Bush, Barack Obama, Helmut Schmidt, die israelische Armee, Heiner Geißler und Joschka Fischer gemeinsam?*

Antwort: *Sie alle – und noch viele, viele mehr – haben sich im Laufe ihrer Karriere mit Adolf Hitler und den Nazis vergleichen lassen müssen.*

Es gibt viele schöne Wege, eine in jahrelanger, mühseliger Arbeit aufgebaute politische Karriere im Handumdrehen zunichtezumachen. Man kann Doktorarbeiten zusammenschummeln, sich als Verteidigungsminister beim Planschen ablichten lassen oder Bonusmeilen für private Flüge einsetzen – oder man kann, wie das die ehemalige Justizministerin Herta Däubler-Gmelin getan hat, Parallelen zwischen dem Präsidenten der Vereinigten Staaten und Adolf Hitler ziehen.

Was da genau wer gesagt hat, das ist wie bei vielen Skandalen im Nachhinein schwer zu rekonstruieren, aber im Groben soll sich nach Angaben des *Schwäbischen Tagblatts* aus Tübingen Folgendes abgespielt haben: Es war 2002, Wahlkampf zudem und außerdem eine Phase, in der die Aussichten für die SPD, die Partei Däubler-Gmelins, nicht sonderlich gut waren.

Gleichzeitig lag der 11. September 2001, als islamisch-fundamentalistische Terroristen mittels zweier Flugzeuge das New Yorker World Trade Center zerstört und viele Tausend Menschen in den Tod gerissen hatten, noch nicht lange zurück. Eine emotional aufgeladene Situation, die durch die Rhetorik und Politik George W. Bushs, damals Präsident der Vereinigten Staaten, nicht eben entspannter wurde.

Bei einer Wahlkampfveranstaltung im Schwäbischen soll es nun zu einer Diskussion über die Politik der USA gekommen sein, in deren Rahmen ein Teilnehmer die innenpolitischen Methoden Bushs angeblich mit denen Hitlers gleichsetzte. Was die Justizministerin, wiederum laut Hörensagen, folgendermaßen kommentierte: »Das kennen wir aus unserer eigenen Geschichte seit Adolf Nazi.«

Der Aufschrei war immens. Opposition und Presse freuten sich ob des Fauxpas. Die Ministerin relativierte, dementierte, allerdings nur teilweise. Wie es sich ganz genau verhalten hatte, blieb nebulös. »Adolf Nazi« ja, der Ausdruck sei gefallen, aber nicht auf Bush gemünzt, hieß es. Jedenfalls belastete die Affäre das damals ohnehin nicht übermäßig herzliche deutsch-amerikanische Verhältnis zusätzlich. Es ging noch ein paar Tage hin und her, zwischen Bundeskanzler Gerhard Schröder und George W. Bush, zwischen Herta Däubler-Gmelin und dem betreffenden Journalisten, dann war die Ministerinnenkarriere beendet. Für eine promovierte Juristin und Politologin war es eigentlich ohnehin unter ihrer Würde, solchen Unsinn von sich zu geben, auch wenn der gerade populär sein mochte in Zeiten wachsender Aversionen gegen den US-Präsidenten.

Natürlich ist es grundsätzlich kein Sakrileg, jemanden mit Hitler zu vergleichen. Wenn man das für weise hält, kann man das gerne machen, verboten ist es schließlich nicht. Nur sollte man differenzierter und überlegter vorgehen. Wäre Herta Däubler-Gmelin beispielsweise, um sich nicht lächerlich zu machen, zu dem Schluss gekommen, dass es zwischen Bush und Hitler eben auch erhebliche Unterschiede gibt – der Vergleich hätte stattgefunden, aber zutage gebracht, dass von Äpfeln und Birnen die Rede ist.

Denn darum geht es nämlich: Dass Vergleich und Gleichsetzung so vermischt werden, wie es gerade gelegen kommt. Ein Problem, dem schon Josef Joffe in dem Artikel »Tanz den Hitler« (*Die Zeit*, 18.9.2008) nachgegangen ist. »Die rhetorische Taktik funktioniert so: Man nehme eine harmlose gemeinsame Eigenschaft und verwandele sie in eine mörderische Assoziationskette, etwa: ›Auch Goebbels verstand etwas von PR‹ (Kohl über Gorbatschow 1986). Oder: ›Auch Hitler ist demokratisch an die Macht gekommen‹ (Jörg Haider über Bush 2002).

Oder: Auch mit ›Sekundärtugenden‹ wie ›Pflichtgefühl‹ könne man ›ein KZ betreiben‹ (Lafontaine, der Erfinder der Methode, über Schmidt 1982). Das Kalkül? Der Zuhörer wird den Vergleich schon zur Gleichsetzung machen. Und schwups haftet am Gegner das Böse schlechthin.«

Das ist natürlich kein Zufall, sondern genau Sinn und Zweck der Übung: Man will den Teufel an die Wand malen. Nicht nur das: Wer einen Hitler-Vergleich anstellt, inszeniert sich stets als weiser Mahner, als um Land und Leute Besorgter: »Schaut her«, ruft der Hitler-Vergleich, »wir müssen etwas tun, ehe es wieder so weit ist, dass die Faschisten das Land beherrschen! Ich warne euch ja nur! Weil ich es gut meine!« Das ist bei Licht betrachtet natürlich immer, wirklich immer Unfug. Denn neben dem Vergleich als solchem ist auch der moralische Gestus, der mitschwingt, unaufrichtig. Selbst wenn es entscheidende Parallelen zwischen Saddam Hussein, Slobodan Milošević und Adolf Hitler beziehungsweise den politischen Systemen, für die sie stehen, gibt – warum kann man nicht einfach auf den konkreten Missstand hinweisen, der für sich genommen schon verwerflich genug ist? Was nützt es, Parallelen zwischen Hitler und Saddam Hussein zu suchen, wenn es zugleich auch Unterschiede gibt?

»In Deutschland«, schrieb Josef Joffe weiter, »gibt es nur noch zwei Tabus: Sex mit Kindern und den Vergleich mit Hitler. Der Vergeltungsschlag der Deutschen Empörungsgemeinschaft ist jedem sicher, der wie jüngst Helmut Schmidt ›X ist wie H‹ sagt. Er hatte einem Massenblatt verraten, Barack Obama sei ›allein mit Charisma‹ zur ›nationalen Figur‹ geworden. Dieses allein aber mache noch keinen guten Politiker. Denn: ›Auch Adolf Nazi war ein charismatischer Redner. Oskar Lafontaine ist es auch.‹«

Dass diese Empörung ähnlich billig ist wie die Hitler-Analogie: geschenkt. Wer heute Hitler in den Mund nimmt, muss wissen, mit welchem Feuer er spielt. Insofern war es wenig überraschend, dass die Justizministerin seinerzeit für ihren Adolf-Nazi-Spruch den Hut nehmen musste, obwohl der Hitler-Vergleich, der ja fast immer eine Gleichsetzung, also eine Analogie mit Hitler ist, zum Grundvokabular der politischen Rhetorik in Deutschland gehört.

Neu ist das freilich nicht, sondern eigentlich seit Bestehen der Bundesrepublik Bestandteil des probaten, in der politischen Auseinandersetzung gängigen »Totschlagarsenals«, wie Norbert Seitz, ehemals Redaktionsleiter der *Neuen Gesellschaft/Frankfurter Hefte*, 2002 formulierte. Seiner Definition zufolge lassen sich dabei grob drei Phasen unterscheiden:

In Zeiten des Kalten Krieges diente der Nazi- und Hitler-Vergleich zunächst und vor allem der antikommunistischen Propaganda. So ließ schon Konrad Adenauer 1950 auf dem CDU-Gründungskongress verlauten, der Druck, den der Nationalsozialismus durch Gestapo und Konzentrationslager ausgeübt habe, sei »mäßig gegenüber dem, was jetzt in der Ostzone« geschehe. Das ist schon interessant: Dass für den ersten Kanzler der Bundesrepublik das Dritte Reich eben nicht der absolute Referenzpunkt war, der für Verbrechen und moralisches Scheitern stand – sondern die DDR. Und das zu einem Zeitpunkt, als er in der Bundesrepublik Altnazis fleißig in zentrale Funktionen von Politik, Wissenschaft und Gesellschaft hievte.

Genau dies aber, führt Seitz weiter aus, sollte später zum Ausgangspunkt für Phase zwei der Nazianalogien werden: Als nämlich in Westdeutschland in den Sechzigern das Bewusstsein der jungen Generation sowohl für die Verbrechen des Dritten Reiches als auch für ihre Verdrängung durch die Alten wuchs, konnte die Gleichsetzung mit den Nazis, so Seitz, »zur ultimativen Polemik gegen die alte ›restaurative‹ Bundesrepublik« werden. Notstandsgesetze, Radikalenerlass und das rigorose Vorgehen der Bundesregierung gegen die RAF taten ihr Übriges. Bald witterte man allerorts Nazis.

In der Radikalität der damaligen Unterstellungen liegt bereits der Schlüssel zu den heutigen, oft überschnappenden Hitler-Vergleichen. Gemäß der faktischen Gleichsetzung von Kapitalismus und Nationalsozialismus durch die marxistische Faschismustheorie, der zufolge die Nazis bloß Agenten des Großkapitals gewesen seien, stempelte die westdeutsche Linke quasi alles in der Bundesrepublik als faschistisch ab, was nicht explizit antikapitalistisch war. In den WGs, schreibt Seitz weiter, habe es seinerzeit zum guten Ton gehört, »jeden unfreundlichen Rentner im Haus als ›Blockwart‹ zu beschimpfen oder sozialdemokratischen Innenministern nach jedem aufwändigen Polizeieinsatz das Stigma vom ›Bluthund Noske‹ anzuheften« (»Nicht ohne meinen Nazi, *Zeit online*, 52/2002).

Auch wenn genau diese Rhetorik der Achtundsechziger sich gedanklich mancherorts erhalten hat, kam es in den Achtzigern zu einem erneuten Vorzeichenwechsel – für den letztlich Helmut Kohl und seine konservative »geistig-moralische Wende« verantwortlich waren. Denn Kohl und mit ihm eine Reihe rechter und konservativer Historiker versuchten damals, das Dritte Reich, die Konzentrationslager und den Holocaust als Reaktion der Deutschen auf die Verbrechen des Stalinismus kleinzureden.

Man kann sich das heute kaum mehr vorstellen, dass ein angesehener Professor der FU Berlin und bis dato eine unbestrittene Kapazität in der *Frankfurter Allgemeinen Zeitung* Sätze wie diese veröffentlichen konnte: »War nicht der ›Archipel Gulag‹ ursprünglicher als ›Auschwitz‹? War nicht der ›Klassenmord‹ der Bolschewiki das logische und faktische Prius des ›Rassenmords‹ der Nationalsozialisten?« So Ernst Nolte, der im Juni 1986 den sogenannten Historikerstreit vom Zaun brach, der ihn zunehmend in die Isolierung treiben würde.

Damit waren Hitler-Vergleich und Nazianalogie auch in der Wissenschaft angekommen. Und ebenjene, die sich sonst so wenig emotional gibt, stritt in der Folgezeit heftig über die Deutungshoheit über den Holocaust, was wiederum zu einer weiteren Sensibilisierung der Öffentlichkeit führte.

Es mutet beinahe ironisch an, dass ausgerechnet Helmut Kohl eines der ersten Opfer des neuen Problembewusstseins wurde. In einem Interview mit dem amerikanischen Nachrichtenmagazin *Newsweek* sagte Kohl über Michail Gorbatschow: »Das ist ein moderner kommunistischer Führer, der war nie in Kalifornien, nie in Hollywood, aber der versteht etwas von PR. Der Goebbels verstand auch etwas von PR. Man muss doch die Dinge auf den Punkt bringen!« Instinktlos gewiss, aber der verkürzte Vorwurf, er habe Gorbatschow mit Goebbels verglichen, war eine unsachliche Unterstellung. Was jahrzehntelang zum guten

Ton und zur üblichen politischen Rhetorik gehört hatte, wurde nunmehr als Tabubruch gebrandmarkt.

So ist es bis heute geblieben, wie nicht nur das Beispiel Däubler-Gmelin zeigt. Auch der Kölner Kardinal Joachim Meisner vergriff sich im Ton, als er die gängige Abtreibungspraxis nicht nur mit dem Kindermord von Bethlehem durch den biblischen König Herodes verglich, sondern darüber hinaus in die Nähe des Holocaust rückte. Desgleichen musste der ehemalige Augsburger Bischof Walter Mixa Buße tun, weil er glaubte, Äußerungen von Grünen-Chefin Claudia Roth in einem Atemzug mit nationalsozialistischer »Propagandahetze« nennen zu können. Der Hitler-Vergleich ist in Deutschland eben ein zweischneidiges Schwert: einerseits immer für Überschriften und Aufmerksamkeit gut – andererseits selten zum Vorteil des Urhebers.

Ganz anders in den USA. Dort sind Hitler-Vergleiche nicht nur an der Tagesordnung, sondern auch salonfähig. Das wurden sie allerdings durch ein Ereignis, das mit Deutschland und den Nazis in keinerlei Zusammenhang steht: durch den Irakkrieg von 1990/91. Die historischen Rahmenbedingungen waren, wenn man so will, günstig: Der Ostblock befand sind in Auflösung, die Sowjetunion hatte als Feindbild ausgedient und die Notwendigkeit, arabische und afrikanische Potentaten zu unterstützen, entsprechend nachgelassen. Insbesondere der irakische Diktator Saddam Hussein, der in den Achtzigern dem Westen und vor allen den USA noch als Verbündeter gegen den Ostblock lieb und teuer gewesen war, hatte sich durch den Überfall auf Kuwait, der nicht zuletzt amerikanische Ölinteressen tangierte, sowie durch seine Bürger- und Menschenrechtsverletzungen im eigenen Land mehr als unpopulär gemacht. Weil aber die außenpolitische Wende erklärt werden musste, griff George Bush der Ältere zu einem rhetorischen Kniff: Er erklärte, Saddam Hussein sei »ein neuer Hitler«, wenn nicht gar schlimmer.

Der Freiburger Historiker Wolfram Wette schrieb dazu im März 2003 in der *Frankfurter Rundschau*: »Weltweite Beachtung fand der Vergleich wohl erst durch einen Artikel der *New York Times* vom 5. April 1990, der die alarmierende Nachricht enthielt, dass der irakische Staatspräsident Saddam Hussein die Juden in Israel auslöschen und den Nahen Osten beherrschen möchte. Schließlich griff der amerikanische Präsident George Bush senior in einer Rede vom 8. November 1990 den Vergleich Hitler – Saddam auf. Bush warf den irakischen Truppen, die soeben Kuwait erobert hatten, ›ungeheuerliche Akte der Barbarei‹ vor, ›die nicht einmal Adolf Hitler begangen hat‹.«

Nach dieser Äußerung war der Vergleich in der US-amerikanischen Öffentlichkeit etabliert, und zwar moralisch positiv im Sinne einer globalen Verantwortung. In Deutschland schlossen sich interessanterweise vor allem linke Denker dieser Sichtweise an: Hans-Magnus Enzensberger erklärte Saddam in einem gleichnamigen Aufsatz im *Spiegel* (6/1991) zu »Hitlers Wiedergänger«, und Wolf Biermann fragte etwa zur gleichen Zeit, unter anderem mit Hinweis auf die Gefährdung Israels durch den Irak, ob man einen Hitler wirklich um des Friedens willen machen lassen dürfe.

Damit war Hitler um zwei Nummern geschrumpft. Wenn nämlich das Dritte Reich nunmehr in derselben

Liga spielte wie der Irak unter Saddam Hussein, dann konnte alles ja gar nicht so schlimm gewesen sein. Peter Glotz, einer der großen deutschen Intellektuellen, bezog damals im *Spiegel* (9/1991) unter der Überschrift »Der ungerechte Krieg« vehement gegen diese Gleichmacherei Stellung. »Im Historikerstreit hat die Linke noch auf der Einmaligkeit der Verbrechen Adolf Hitlers bestanden, selbst in der Abwägung gegen die Untaten Stalins. Im Golfkrieg wird plötzlich Saddam Hussein zum ›Satan‹. Welch glänzende Rechtfertigung für die Relativierer, die Hitler seit eh und je als Kriminellen unter Kriminellen betrachtet haben.«

Seit dieser Zäsur vergeht vor allem, aber nicht nur in den USA kaum eine Woche, in der nicht ein Politiker eine Art Hitler-Vergleich anstellt, und das durchaus mit Erfolg. Beispielhaft lässt sich das an Newton »Newt« Gingrich verfolgen, einem republikanischen Hardliner, zu dessen

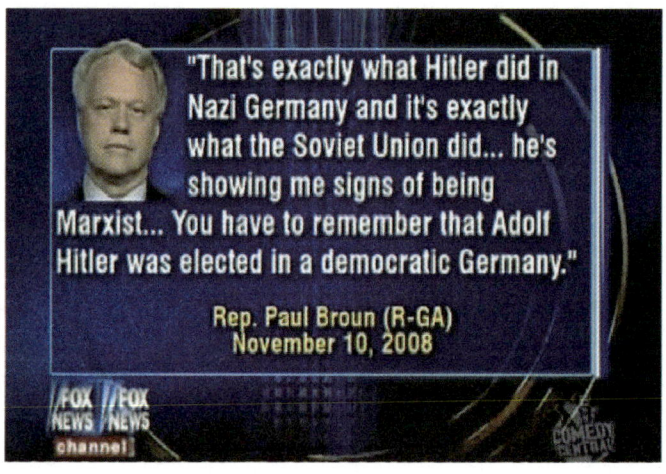

Standardrepertoire auch Rückgriffe auf Nazideutschland, Hitler und die europäische Politik der Dreißigerjahre gehören: Schon 1996 etwa behauptete Gingrich, damals als Sprecher des Repräsentantenhauses, in Hinblick auf die Nahostpolitik der Regierung Clinton: »Die weltweiten Demokratien sind in größerer Gefahr denn je, seit der britische Premierminister Stanley Baldwin das englische Volk über die Luftwaffe und Hitler-Deutschland belog.« 2006 stimmte Gingrich dem damaligen US-Verteidigungsminister Donald Rumsfeld zu, der behauptet hatte, der Widerstand gegen die Irakpolitik der Bush-Regierung sei gleichbedeutend mit der Beschwichtigungspolitik gegenüber Hitler. Und wieder ein Jahr später plädierte Gingrich für einen Krieg der USA gegen den Iran und Syrien und begründete das damit, es mache keinen Sinn, ein Holocaustmuseum in Washington zu unterhalten, wenn man nicht gleichzeitig eine ehrliche Einschätzung eines Holocaust des 21. Jahrhunderts vornehme.

Die Liste dieser demagogischen Entgleisungen ließe sich beliebig fortsetzen, doch der Duktus ist immer der Gleiche: Mit schrillen, besorgten Hinweisen auf Hitler lässt sich quasi jede politische Forderung rechtfertigen. Anders als in Deutschland sind diese Methoden noch nicht in Verruf geraten. Allerdings werden solch fragwürdige Vergleiche in den USA keineswegs nur von der politischen Rechten bemüht. Während der Amtszeit von George W. Bush gab es kaum eine Demonstration, bei der der US-Präsident nicht mit Hitler gleichgesetzt worden wäre. Vollends skurril wird die ständige Hitlerei, wenn sich jüdische Abgeordnete der Demokraten gegen Vorwürfe wehren müssen, sie würden Nazimethoden anwenden, oder wenn man, wie erwähnt, dies Obama unterstellt, weil er eine längst überfällige Sozialversicherung einführen will.

Die Journalistin Eva Schweitzer, die für die *taz* und die *Zeit* aus den USA berichtet, schließt daraus, dass Hitler in den USA längst ein Stück Popkultur sei. Die zahllosen Hitler-Fernsehparodien, Hitler-Videospiele, Hitler-Filme und einschlägige Science-Fiction-Romane, in denen der »Führer« mithilfe von schwarzen Sonnen und einer Zeitmaschine den Zweiten Weltkrieg gewinnt, sowie Star Trek Spin-offs, in denen Hitler-Klone auftauchen, lassen für Schweitzer keinen anderen Schluss zu als den: »Hitler ist in den USA eigentlich Popkultur«.

Aus alldem lässt sich unschwer erkennen, dass die Hemmschwelle in den Vereinigten Staaten deutlich niedriger liegt als in Deutschland – was sich schon daran zeigt, dass seit dem Historiker-Streit hierzulande Holocaustvergleiche, die letztlich die Spitze von Analogien zur Nazizeit darstellen würden, bislang tabu sind. Noch ist die Feststellung, dass der Holocaust in seiner Grausamkeit, Organisation und Unmenschlichkeit bislang einzigartig war und daher nicht vergleichbar ist, weitgehend gesellschaftlicher Konsens. Einzig der von Dresdner Neonazis geprägte Begriff »Bombenholocaust« für das zweifellos grausame Bombardement der Stadt im Februar 1945 bestätigt als Ausnahme die Regel.

In den USA hingegen haben sogar Tierschutzgruppen den Empörungsfaktor und die moralische Selbstgerechtigkeit des Holocaustvergleichs für sich entdeckt. Organisationen ehemaliger KZ-Häftlinge und Überlebender versuchen sich zu wehren, aber der Erfolg hält sich in

Grenzen – die Mauer der Geschmacklosigkeit ist längst durchbrochen.

Die Fernsehmoderatoren Stephen Colbert und Jon Stewart haben diese Manie aufs Korn genommen und eine eigene Kunstform daraus entwickelt, indem sie die Vergleiche umdrehen und auf die Abwegigkeit der dauernden Analogieschlüsse hinweisen. Als etwa im Frühjahr 2006 die Unterstützung der amerikanischen Bevölkerung für George W. Bush unter 40 Prozent fiel, wertete Colbert dies, natürlich ironisch, als großen Erfolg. Begründung: Gemessen an der 99-prozentigen Zustimmung der Deutschen zu Hitler 1936 müsse man folgern, dass Bush eigentlich gar nichts mit Hitler gemeinsam habe und folglich der »Unführer« sei – eine Art Antihitler.

Jon Stewart hatte schon 2005 in einer Sendung den Sinn und Unsinn der Vergleiche eindringlich auf den Punkt gebracht: »Und die Hitlers, sie kommen und kommen. Ja, Adolf Hitler, einer der schlimmsten Massenmörder der

Geschichte, ist zur Standardmetapher geworden und zur
Vergleichsgröße für jeden, mit dem man eine unwesent-
liche Meinungsverschiedenheit hat. Darauf will ich hinaus: Wenn man andere mit Hitler vergleicht, verliert man
ein klitzekleines bisschen Glaubwürdigkeit. Bitte: Hören
Sie auf, Menschen Hitler zu nennen, nur weil Sie nicht einer Meinung sind. Das setzt Sie herab, setzt Ihr Gegenüber
herab und, um ehrlich zu sein, setzt es auch Hitler herab.
Der Typ hat zu viele Jahre zu hart gearbeitet, als dass Hinz
und Kunz angeprescht kommen und sagen: ›Hey, du bist
ein Hitler.‹ Nein, wissen Sie, wer wirklich wie Hitler war?
Hitler!«

Eine ganz ähnliche Erkenntnis liegt auch »Godwin's
Law« zugrunde, einer der bekanntesten Faustregeln für
Diskussionen im Internet, als Reaktion auf die zuneh-
menden Hitler-Vergleiche in Onlineforen 1990 durch den
Anwalt und Sachbuchautor Mike Godwin formuliert.
Dieser hatte nämlich festgestellt, dass »mit zunehmender
Länge einer Onlinediskussion sich die Wahrscheinlichkeit
für einen Vergleich mit Hitler oder den Nazis dem Wert
eins annähert.«

Die Beobachtung, dass bei Diskussionen gerne mit
Scheinargumenten gearbeitet wird, ist allerdings nicht

ganz neu: Schon 1953 beschrieb der deutsch-jüdische Philosoph Leo Strauss, der später in die USA emigrierte, in seinem Buch *Natural Rights and History*, dieses Phänomen als »Reductio ad Hitlerum«: »Eine Ansicht wird nicht widerlegt durch die Tatsache, dass sie zufällig von Hitler geteilt worden ist.«

Der Berliner Autor Frédéric Valin schloss aus all den Irrungen und Skandalen um die Nazivergleiche und -tiraden, dass Hitler-Analogien immer ein bisschen wie Goebbels seien – »weil sie hinken und zum Satzende gerne mal überschnappen.«

Und damit sollte eigentlich alles gesagt sein.

Hitler-Vergleiche und Nazi-Analogien: Eine unvollständige Liste*

Oktober 1979: Im Bundestagswahlkampf wird der damalige Kanzlerkandidat der Union, Franz Josef Strauß, von Demonstranten in Nordrhein-Westfalen mit Eiern und Tomaten beworfen. Sein Wahlkampfleiter, der junge Edmund Stoiber, vergleicht die Demonstranten daraufhin mit den »schlimmsten Nazitypen in der Endzeit der Weimarer Republik«. Im selben Jahr behauptet Stoiber: »Nationalsozialisten waren in erster Linie Sozialisten.«

September 1980: In *Konkret* erscheint ein Artikel von Henryk M. Broder, der glaubt, bei einer Artistiknummer im Circus Roncalli eine »faschistische Ästhetik« und den Hitler-Gruß beobachtet zu haben.

Juli 1982: Oskar Lafontaine äußert sich über die vom damaligen Kanzler Schmidt geforderte Wiederbelebung von »Sekundärtugenden« wie etwa Pflichtgefühl dahingehend, mit denen könne »man auch ein KZ betreiben.«

15. Juni 1983: Heiner Geißler (CDU) sagt in einer Sicherheitsdebatte im Bundestag: »Ohne den Pazifismus der Dreißigerjahre wäre Auschwitz überhaupt nicht möglich gewesen.«

12. Mai 1985: Altkanzler Brandt bezichtigt Heiner Geißler am Abend der NRW-Wahl, »seit Goebbels der schlimmste Hetzer in diesem Land« zu sein.

15. Oktober 1986: In einem Interview mit *Newsweek* zieht Helmut Kohl einen denkbar instinktlosen Vergleich: Er attestiert dem sowjetischen Staats- und Parteichef Michail Gorbatschow PR-Talente und fügt hinzu, dass Goebbels die auch hatte.

17. Oktober 1988: In einem Artikel in der *taz* schreibt der Schriftsteller Thomas Kapielski über eine Disco, sie sei bei seinem Eintreffen »gaskammervoll« gewesen. Nach wochenlangen Leserprotesten werden die zuständigen Redakteurinnen entlassen.

10. November 1988: Bundestagspräsident Philipp Jenninger hält eine überaus missverständliche Rede über das »Faszinosum« des Nationalsozialismus und muss nach öffentlichen Protesten seinen Rücktritt erklären.

10. Dezember 1988: Wiglaf Droste überschreibt einen Artikel in der *taz* über Wolfgang Neuss mit »Trauerarbeit macht frei«, was zwangsläufig an die zynische KZ-Torinschrift »Arbeit macht frei« erinnert. Die empörten Leserbriefe treffen waschkörbeweise in der Redaktion ein.

10. Februar 1997: In Florida herrscht der betrunkene Harald Juhnke einen farbigen Wachmann an: »Du dreckiger Nigger, bei Hitler wäre so etwas vergast worden.«

11. Oktober 1998: Martin Walser hält in der Frankfurter Paulskirche seine »Moralkeulen«-Rede, in der er sich gegen eine »Instrumentalisierung des Holocaust« ausspricht, für die er von Ignatz Bubis, dem damaligen Zentralratsvorsitzenden der Juden in Deutschland, heftig attackiert wird.

1. Februar 2001: Nicola Beer, FDP-Abgeordnete im hessischen Landtag, sieht den Unterschied zwischen den »Putztruppen«, denen Joschka Fischer früher angehört habe, und Neonazis nur darin, dass die »Putztruppen damals mit Turnschuhen im Wald unterwegs waren und dass die heute Springerstiefel anhaben«.

12. März 2001: Bundesumweltminister Jürgen Trittin sagt über den kahlköpfigen CDU-Generalsekretär Laurenz Mayer, dieser habe »die Mentalität eines Skinheads und nicht nur das Aussehen«.

März 2002: Jamal Karsli, damals Grünen-Abgeordneter im NRW-Landtag veröffentlicht eine Presseerklärung mit der Überschrift »Israelische Armee wendet Nazimethoden an!« Kurz darauf verlässt er die Grünen und wird von Jürgen W. Möllemann kurzzeitig in die FDP-Fraktion geholt.

13. Mai 2002: FAZ-Feuilletonchef Patrick Bahners äußert sich über die fehlende Regierungserfahrung des FDP-Kanzlerkandidaten Guido Westerwelle. »Der letzte deutsche Kanzler, den nur das Charisma des Parteiführers empfahl, war Adolf Hitler.« FDP-Generalsekretärin Cornelia Pieper fordert ein paar Tage später vergeblich eine Entschuldigung (*taz* vom 17. Mai 2002).

16. Mai 2002: In einem Fernsehinterview wirft Jürgen W. Möllemann den Juden vor, selbst schuld zu sein am Antisemitismus, insbesondere, neben dem damaligen israelischen Ministerpräsidenten Sharon, »Herr Friedman mit seiner intoleranten und gehässigen Art«. Dem Parteiausschluss kommt er im März 2003 durch einen Austritt zuvor.

August 2002: Weil er sich vom ständigen Rasenmähen

seiner Sylter Nachbarn belästigt fühlt, bezeichnet der Liedermacher Reinhard Mey diese als »Gartennazis«.

2. September 2002: Der *Spiegel* berichtet, Helmut Kohl habe ein paar Tage zuvor Bundestagspräsident Wolfgang Thierse in einem privaten Gespräch als »schlimmsten Präsidenten seit Hermann Göring« bezeichnet.

18. September 2002: Herta Däubler-Gmelin zieht bei einer Wahlkampfveranstaltung im Zusammenhang mit der Politik George W. Bushs »Adolf Nazi« zum Vergleich heran.

11. Dezember 2002: Hessens Ministerpräsident Roland Koch bezeichnet die Reichenkritik von Ver.di-Chef Frank Bsirske als »eine neue Form des Sterns auf der Brust«.

2. Juli 2003: Im Europäischen Parlament schlägt Silvio Berlusconi den deutschen SPD-Abgeordneten Martin Schulz »für die Rolle des Lagerchefs« in einem Spielfilm über Konzentrationslager vor.

3. Oktober 2003: Bei einer Rede zum Tag der deutschen Einheit hantiert der CDU-Bundestagsabgeordnete Martin Hohmann denkbar zweideutig mit dem Begriff »Tätervolk«, indem er orakelt, ob es nicht auch bei den Juden »eine dunkle Seite« gebe. Im folgenden Jahr wird Hohmann aus der CDU ausgeschlossen.

6. Januar 2005: Der Kölner Erzbischof Joachim Kardinal Meisner vergleicht Abtreibungen mit den Verbrechen von Hitler und Stalin.

13. Mai 2005: Der bayrische Wissenschaftsminister Thomas Goppel unterstellt protestierenden Studenten Nazimethoden. Ihr Verhalten sei ein »Hinweis auf die Intoleranz, die uns damals in den Schlamassel gebracht hat«.

12. Juli 2005: SPD-Fraktionsvize Ludwig Stiegler vergleicht den CDU-Slogan »Sozial ist, was Arbeit schafft« mit der KZ-Inschrift »Arbeit macht frei«.

16. September 2005: Weil CDU-Abgeordnete die Rede eines SPD-Abgeordneten mit Zwischenrufen stören, wirft Sigmar Gabriel ihnen vor, sich wie die Nazis zu benehmen.

September 2005: Dieter Thomas Heck, obwohl CDU-Sympathisant, vergleicht Angela Merkels Rhetorik mit der von Adolf Hitler – auch der habe nie von »wir«, sondern immer nur von »ich« gesprochen. Der Moderator bedauert später.

24. Februar 2006: Weil er einen jüdischen Journalisten mit einem KZ-Aufseher verglichen hat, wird der Londoner Bürgermeister Ken Livingstone für vier Wochen vom Dienst suspendiert.

15. September 2006: Salih Kapusuz, der stellvertretende Vorsitzende der türkischen Partei AKP, vergleicht Papst Benedikt XVI. nach dessen umstrittenen Äußerungen zum Islam mit Hitler und Mussolini.

9. Februar 2007: RTL-Wohnungsverschönerin Tine Wittler erwirkt eine einstweilige Verfügung gegen einen Spot »Tine Hitler: Einmarsch in vier Wänden« bei Comedy Central.

11. April 2007: In seiner Trauerrede auf den früheren baden-württembergischen Ministerpräsidenten Hans Filbinger bezeichnet Günther Oettinger, der damalige Stuttgarter Regierungschef, seinen Vorgänger als »Gegner des NS-Regimes«. Dabei hatte der ehemalige Marinerichter noch in den letzten Kriegstagen Todesurteile verhängt. Während Filbinger sich 1978 verteidigte:

»Was damals rechtens war, kann heute nicht Unrecht sein«, brandmarkte ihn der Dramatiker Rolf Hochhuth, der die Affäre ins Rollen brachte, als »furchtbaren Juristen«.

6. September 2007: Moderatorin Eva Herman plädiert bei der Vorstellung ihres neuen Buches für eine Rückbesinnung auf traditionelle Werte: »Das sind Kinder, das sind Mütter, das sind Familien, das ist Zusammenhalt« – Werte, die »leider ja mit dem Nationalsozialismus und der darauffolgenden 68-er Bewegung abgeschafft« worden seien, so Herman. Mit dieser zumindest missverständlichen Argumentation gerät sie in den Verdacht, die NS-Familienpolitik verteidigt zu haben. Der NDR, der von seiner Moderatorin erwartet, »dass sie sauber formuliert«, feuert Herman.

20. Oktober 2007: Der Augsburger Bischof Walter Mixa fühlt sich durch Äußerungen von Claudia Roth »in erschreckender Weise an die Propagandahetze der Nationalsozialisten gegen die katholische Kirche und ihre Repräsentanten« erinnert.

25. Oktober 2007: In der ersten Sendung von *Schmidt & Pocher* kommt ein »Nazometer« zum Einsatz, das für Proteste sorgt.

7. November 2007: Wolfgang Schäuble sagt im Hinblick auf die Massenklage gegen die Vorratsdatenspeicherung: »Wir hatten den ›größten Feldherrn aller Zeiten‹, den Gröfaz, und jetzt kommt die größte Verfassungsbeschwerde aller Zeiten.«

20. Januar 2008: Guido Knopp fühlt sich durch ein Scientology-Video von Tom Cruise an die Sportpalastrede von Joseph Goebbels erinnert, in der dieser die Deutschen auf den »totalen Krieg« einschwor. Cruise fordert in dem Video seine Mitgläubigen dazu auf, die Welt zu säubern.

23. Januar 2008: DJ Tomekk hebt im RTL-Dschungelcamp den rechten Arm zum Hitler-Gruß und singt die erste Strophe des »Deutschlandlieds«. Er muss sogleich die Heimreise antreten.

30. Januar 2008: In der Pro-Sieben-Quizshow *Nightloft* sorgt Moderatorin Juliane Ziegler für ihr Karriereaus, indem sie eine der berüchtigsten NS-Parolen verwendet. »Na komm, arbeite«, sagt sie zu einem Kandidaten. »Arbeit macht frei.«

31. Januar 2008: In Rio de Janeiro verbietet ein Gericht beim Karnevalszug den Einsatz eines Wagens mit übereinandergestapelten Holocaustopfern und eines Tänzers im Hitler-Kostüm.

13. Oktober 2009: Der Generalsekretär des Zentralrats der Juden in Deutschland, Stephan Kramer, sieht sich durch Thilo Sarrazins Ausländerkritik an die Untermenschenterminologie der Nazis erinnert, betont jedoch, ihn nicht mit Hitler vergleichen zu wollen.

7. Juli 2010: In der südafrikanischen Tageszeitung *The Sowetan* wird Fußballer Sebastian Schweinsteiger mit Hitler verglichen, was jedoch offenbar nicht als Beleidigung gemeint ist: »Ein neuer Führer mit der Arbeitseinstellung von Stefan Effenberg und der furchterregenden Aura von Adolf Hitler hat das Kommando übernommen.«

November 2011: Während der europäischen Finanz- und griechischen Regierungskrise wird die deutsche Bundeskanzlerin, Angela Merkel, auf Plakaten und Postkarten in Athen als Nazi und, wie der Text bei dem Bild besagt, als »Staatsfeind« geschmäht. Die Armbinde mit dem Hakenkreuz in einem Ring goldener Sterne auf blauem Grund ist ein Seitenhieb auf die Europäische Union. Interessant ist auch der Ursprung des Bildes, auf das Merkels Kopf montiert wurde: Es handelt sich um das Motiv der Werbekampagne eines türkischen Teeproduzenten (vgl. S. 83 f.).

Foto und Schmähung sind ein weiterer Beleg dafür, wie sorglos und dreist bisweilen der Naziverdacht geäußert wird, um andere Meinungen zu diskriminieren. Rechtfertigt, wie im griechischen Fall, eine zugegeben belastete Vergangenheit in Verbindung mit der aktuellen Forderung, Sparmaßnahmen einzuhalten, wirklich den Vorwurf »Nazi«?

* Unter Zuhilfenahme und mit freundlicher Erlaubnis von Lukas Heinser, der in seinem Blog *Coffee & TV* unter dem Titel »Nazi!« – »Selber!« eine ebensolche Liste veröffentlicht hat.

II. Folgen Sie dem »Führer«: Wie die Nazizeit in der Sprache weiterlebt

Ein Bus fährt von Berlin nach Lloret de Mar. Nach und nach steigen Jugendliche ein, die eine Woche lang in Spanien am Strand rumliegen, saufen und rumfummeln wollen. Vor allem aber wollen sie keine Zeit verlieren. Die pubertäre Party soll nach Möglichkeit schon im Bus beginnen, und der heranwachsende Reisetross gibt sich mit Dosenbier und billigen Witzen alle Mühe, über die Stränge zu schlagen. Bald wird dem bemitleidenswerten Busfahrer das Bechern und Pöbeln zu viel – er droht mit Sanktionen, woraufhin in den hinteren Sitzreihen die Parole die Runde macht, der Busfahrer sei ja wohl »der übelste Hitler«. »Hey Leude«, ruft einer der Krawallmacher, »Hitler fährt den Bus.«

Man kann diese Episode, die der Journalist Fabian Dietrich im Berliner Gesellschaftsmagazin *Dummy* aufgeschrieben hat, natürlich als nicht ohne Weiteres repräsentativ abtun – und natürlich ist das Ganze offensichtlicher Unfug und billige Provokation. Da sich außerdem Personen, die in der Öffentlichkeit stehen, gegenseitig mit Hitler-Vergleichen verunglimpfen, darf es kaum überraschen, wenn Jugendliche auf Bumsfahrt den faschistischen Diktator als Ultima Ratio der Beleidigungskultur betrachten.

Der Weg vom »Blockwart« als Schmähung für jeden unfreundlichen und auf Ruhe bedachten Rentner im Mietshaus und vom »Nazischwein« für jeden rechtskonservativen Jurastudenten bis zum »Hitler« für einen strengen Busfahrer ist schließlich so weit nicht. Und solche Geschmacklosigkeiten sind zudem keineswegs eine Erfindung proletarischer Jugendlicher.

Der Hau-drauf-Polemiker Wiglaf Droste etwa, wahrlich nicht für seine Zimperlichkeit bekannt, veröffentlichte 1997 eine Hymne auf rauchende Frauen, deren Beleidigungspotenzial erheblich größer ist als das solcher Dummejungensprüche: »Hätten 1933 mehr deutsche Frauen geraucht, ein Würstchen wie Hitler hätte niemals etwas werden können. Doch statt zu rauchen, himmelte die deutsche Nichtraucherin den Führer an. Warum? Weil der auch nicht rauchte.« Quintessenz: Der deutsche Spielverderber ist immer ein Faschist. Natürlich ist das wie mit Kanonen auf Spatzen schießen, und natürlich wirft das auch die Frage auf, woran man eigentlich einen wirklichen Hitler noch erkennen soll, wenn jeder Hinz und Kunz einer ist. Am Ende sieht man den Hitler vor lauter Hitlern nicht mehr. Diese Überstrapazierung scheint indes nur von geringem Interesse. Was zählt, ist die Metapher, die sich so schön für alles und nichts verwenden lässt.

Andere Frage: Erinnern Sie sich noch an Beelzebub und den Teufel, an Luzifer, Mephisto und den Satan? Alle fünf werden, sprachlich, bald ausgerottet sein. Und wer dürfte mal wieder schuld sein? Hitler, der alte Nazi. Schon heute malt man nicht mehr den Teufel an die Wand, sondern den Hitler, weil es sich schließlich in einer weitgehend säkularen Gesellschaft, die nicht mehr an Hölle und Teufel glauben mag, beim bösen Hitler viel schöner gruselt.

Trotzdem ist verblüffend, wie selbstverständlich der alltägliche Nazi und der allgegenwärtige Hitler geworden sind. Und auch, wie leichtfertig all diese Faschisten durch den heutigen Wortschatz spazieren. Aber ist das wirklich so selbsterklärend und selbstverständlich, dass Nazideutschland und Hitler in unserer Sprache und in unseren Köpfen dermaßen präsent sind?

Ein Beispiel: Wenn ein »Tourguide«, wie es auf gut Neudeutsch heißt, sich etwa als »ihr Führer in Athen« vorstellt, macht sich wahlweise Entsetzen oder Kichern breit. Da sind sie plötzlich wieder, die Dämonen der Nazizeit, während gleichzeitig in anderen Bereichen diese Sensibilität fehlt, denn es wurde ja keineswegs gründlich entnazifiziert. So weiß man bei manchen Begriffen nicht einmal, dass sie von den Nazis ersonnen wurden, und andere, die gar nicht auf braunem Mist gewachsen sind, wurden für alle Zeiten mit einem Stigma versehen.

Harald Schmidt hat 60 Jahre nach Kriegsende, 60 Jahre nach dem Tod Hitlers 2005 in einem Interview mit der *Süddeutschen Zeitung* zu den vergifteten Begriffen gesagt: »Der Begriff ›Führer‹ ist ruiniert für alle Zeiten. Es gibt unendlich viele Sachen, die eigentlich gut sind, aber von den Nazis ruiniert worden sind: Volkslied, Kraft, Freude, Wandern, Sozialstaat, Kilometergeld, alles entweder von den Nazis erfunden oder unmöglich gemacht.«

Natürlich ist alles eine Frage der Perspektive und des Geschmacks. Ein alter und unsinniger Witz der politischen Linken geht zum Beispiel so: Wie buchstabiert sich Rechtsstaat? Mit SS. Ob man das nun witzig und pointiert oder bloß geschmacklos findet, hat weniger mit dem eigenen Humor zu tun, sondern damit, ob man Parallelen zwischen dem bundesdeutschen Rechtsstaat und dem nazideutschen Unrechtsregime erkennen will.

Zudem lockt das Spiel mit dem Feuer. Diese Kombination aus dem Reiz des Verbotenen einerseits und einem postmodernen Humor andererseits, die es erlaubt, alle Begriffe und Symbole so lange miteinander zu verknüpfen und durcheinanderzuwirbeln, bis aus all dem unterschiedlichen Sinn großer Unsinn geworden ist. Denn da viele der Wendungen, die wir mit dem Dritten Reich in Verbindung bringen, weiterhin in Sprachgebrauch und allgemeinem Bewusstsein verankert sind, trotzdem aber immer neu für Aufregung sorgen, lassen sich mit ihnen vortrefflich Wortspiele treiben. Einmal ganz davon abgesehen, dass ein beherztes und bewusst gewähltes Skandälchen kaum einer Unternehmung je geschadet hat ...

Beispiel Israel: Im jemenitischen Viertel Tel Avivs stand jahrelang ein hebräisches Graffiti an einer Hauswand zu lesen, der besagte: »Har haBait macht frei« – ›Har haBait‹ ist das hebräische Wort für den Tempelberg, das Sehnsuchtsziel von Juden aus aller Welt, und andererseits erinnert das Graffito an die berüchtigte Torinschrift des Vernichtungslagers Auschwitz. Ein sprachlich eindrucksvoll vielfältiges und vielschichtiges Wortspiel, dessen Sinn sich einem auch dann nicht wirklich offenbart, wenn man sehr, sehr lange darüber nachdenkt. Es kann so vieles heißen und erreicht sein Ziel vermutlich genau dadurch, dass es alles und nichts bedeutet und man eben sehr lange über die verschiedenen Möglichkeiten und Verknüpfungen nachdenken muss.

In der Regel kommen die Verballhornungen und Wortspiele allerdings eher schlicht daher. So gab es vor ein paar Jahren, in Anlehnung an den Roman *Volk ohne Raum* des von Hitler sehr verehrten Schriftstellers Hans Grimm, ein in der Tat lesenswertes Fußballblog »Volk ohne Raumdeckung«. Die »Band deutscher Mädel« aus Berlin verballhornt in ihrem Namen die Mädchenorganisation der NSDAP, den »Bund deutscher Mädel«. Und der deutsche Kabarettist Arnulf Rating benannte 2005 eines seiner Programme »Reich ins Heim« – eine Parodie der Losung »Heim ins Reich«, mit der die Rückeingliederung deutscher Siedlungsgebiete in Osteuropa gerechtfertigt werden sollte.

Auch *Mein Kampf*, Hitlers programmatische Hetz- und Propagandaschrift, wird auf ähnliche Weise immer wieder für halb gare Wortspiele bemüht. So von dem bereits zitierten Wiglaf Droste, der den brachialkomischen Titel *Mein Kampf – dein Kampf* für eine seiner Veröffentlichungen wählte, während ein satirischer Roman des Israelis Ephraim Kishon

über den Wahn der Nazis in Deutschland als *Mein Kamm* auf den Markt kam. Eine Dokumentation aus dem Jahr 1994 über Adolf Lanz alias Jörg Lanz von Liebenfels, einen österreichischen Geistlichen, Antisemiten und Vordenker Hitlers, erhielt passenderweise den Titel *Mein Krampf.*

Selbst vor dem Begriff »Gas« wird nicht unbedingt Halt gemacht. Sogar in Israel nicht. So fand sich 2004 in einem Magazin der Tageszeitung *Ha'aretz* ein Artikel über Witze zum Holocaust in Israel unter der Überschrift »This way for the laughing gas« – »Hier lang zum Lachgas«.

Unbeabsichtigt zynisch dürfte hingegen ein Arrangement der *Landeszeitung Lüneburg* vom 21. Januar 2006 gewesen sein: Neben einem fast ganzseitigen Beitrag über die Deportation von Sinti und Roma aus der Gegend um Lüneburg war der Werbeblock eines Energieproduzenten platziert. »E.ON sorgt heute schon für das Gas von morgen.« Peinlich, denn der Leser dürfte kaum noch an Erdgasversorgung gedacht haben, sondern an das in den Vernichtungslagern eingesetzte Zyklon B und die »ins Gas geschickten« Opfer des Nationalsozialismus.

Der Lüneburger Fauxpas bleibt jedoch die Ausnahme, denn meist sind diese »Witze« vorsätzlich. Einen besonderen Spaß macht sich aus derartigen Wortspielereien das US-amerikanische Comicblog *Hitler Hipster*, eine Parodie auf allzu narzisstische junge Männer mit zu viel Zeit und Geld. Menschen, die bisweilen, auch in Deutschland, bezeichnenderweise »Style-Nazis« genannt werden.

Die Handlung der Bildergeschichte ist schnell umrissen: Adolf Hitler tritt hier auf als neurotischer, postmaterieller Großstadtjugendlicher, der zwar immer noch

But bootlegging is awesome.

Herr über Nazideutschland ist und den Zweiten Weltkrieg führt, sich aber eigentlich viel lieber Gedanken über seine Coolness, seine Kleidung und die neuesten Bands macht. Doch um all diesen geschichtlichen Ballast geht es nicht, sondern um absurde Wortspiele aus dem Spannungsfeld zwischen Drittem Reich und Popkultur. Sie stehen jeweils auf den T-Shirts, die der Hipster-Hitler zu seinen engen Jeans trägt.

»Under Prussia« etwa verweist, auf den Song »Under Pressure« von Queen, »Wehrmacht Bitches at?« ist eine Verballhornung gängigen Hip-Hop-Sprechs und »1941: A Race Odyssey« eine Anspielung auf den bekannten Filmtitel von Stanley Kubrick: *A Space Odyssey*. Der Fundus, aus dem *Hitler Hipster* seine seltsamen Scherze bastelt, ist erstaunlich umfassend – selbst Wendungen, die unscheinbar wirken, werden mit wenigen Kniffen vergiftet und so zu bösen Kommentaren zum Dritten Reich.

Wie gelungen oder banal, das ist natürlich immer eine Frage der eigenen Empfindlichkeit und Sichtweise.

Zwar geben solche Wortspiele einen Eindruck vom Geist des Nationalsozialismus und seiner sprachlichen Manifestation wider, doch sie sind nicht das, was man als »Sprache des Nationalsozialismus« bezeichnet. Die nämlich ist wesentlich subtiler – und dadurch schwerer als solche zu erkennen und auch loszuwerden.

Das wohl beste Beispiel dafür ist die gehäufte Verwendung von Superlativen um die »Einzigartigkeit« und »Einmaligkeit« des Dritten Reiches und seines »Führers« zu demonstrieren. Vor allem die Reden des Demagogen Goebbels, der gerne die Wirkung seiner Tiraden durch Attribute wie »total«, »gigantisch«, »herausragend«, »einmalig«, »ungeheuer« und »glänzend« zu erhöhen verstand, veranschaulichen die suggestive Kraft und manipulative Macht der NS-Sprache.

Weitere Kennzeichen dieser Sprachregelung waren vor allem auch die Übernahme technischer Ausdrücke in den politischen Bereich: »Anschluss« für die Besetzung Österreichs und des Sudetenlands, »Gleichschaltung« für die totale Kontrolle des öffentlichen und privaten Lebens, sowie Anleihen aus dem Bereich der Schädlingsbekämpfung. So sollten Bezeichnungen wie »Parasiten«, »Schmarotzer« und »schädlicher Bazillus« vermitteln, dass Mitleid mit den entrechteten Juden fehl am Platze sei. Andererseits bediente man sich verharmlosender Tarnbegriffe, um die Wahrheit zu verschleiern – der perfideste dürfte »Endlösung der Judenfrage« für den geplanten Völkermord gewesen sein.

Die Sprachwissenschaftlerin Cornelia Schmitz-Berning ist in ihrem Buch *Vokabular des Nationalsozialismus* der Frage nachgegangen, was denn geblieben ist vom nazideutschen Wortschatz, und hat sich zu diesem Zweck darangemacht, verschiedene Ausgaben des Duden zu vergleichen. »So zeigt sich«, schreibt Schmitz-Berning über die ersten Jahre der Hitler-Ära, »eine markant zunehmende Anzahl neu aufgenommener NS-Vokabeln. In der 11. Auflage von 1934 waren es 180 (z.B. Arbeitsfront, Arbeitslager, aufnorden, Deutscher Gruß, Deutsches Jungvolk) und in der 12. Auflage von 1941 bereits 883. Viele neue Einträge (wie etwa Rassenschande, Vierteljude, Volljude, Volksgenosse, Volksschädling) wurden bereits in der 1. Nachkriegsauflage von 1948 wieder getilgt. Andere Wörter wie vollelterig oder deutschvölkisch verschwanden erst in der 14. Auflage von 1957, volksfremd und auswuchern (durch Wucher ausbeuten) erst in der 15. Auflage im Jahr 1961.«

Immerhin: Sie verschwanden – aus dem Duden ebenso wie aus dem Wortschatz –, weil sie im bundesdeutschen Alltag keine Rolle mehr spielten. Ebenso wie die unzähligen Abkürzungen, die Schreib- und Sprachstil der Nazis prägten. Dazu ein Beispiel aus besagtem Interview mit Harald Schmidt in der *Süddeutschen Zeitung.* Darin erzählt Schmidt folgende Geschichte: »Als ich im katholischen Gemeindehaus Nürtingen für die Senioren gespielt habe, sagten die zu mir: ›Herr Schmidt, wie groß sind Sie?‹ – ›1,94‹ ›Donnerwetter, da wären Sie ja LAH gewesen!‹«

Der Interviewer fragt: »L-A-H?«

Schmidt: »Leibstandarte Adolf Hitler. Den Begriff kannte ich gar nicht. LAH!«

Allerdings muss dazu gesagt werden, dass diese Abkürzung niemals so allgemein bekannt war wie etwa HJ und BDM für die NS-Jugendorganisationen. Sie ist, darf man vermuten, nicht nur Harald Schmidt nicht mehr geläufig, sondern – wie das Dritte Reich – mit dem Ende des Zweiten Weltkriegs und dem Suizid Hitlers komplett im Orkus der Geschichte verschwunden.

Neben dem bekannten NS-Vokabular gibt es aber auch Dinge, bei denen niemand mehr weiß, dass sie ein Kind der braunen Zeit sind. Wie etwa der Firmenname »Volkswagen«, eine der bekanntesten Automarken des Landes. Obwohl man bei genauem Nachdenken erkennt, dass der Name die nationalsozialistische Prägung verrät, denkt vermutlich niemand an Hitler, wenn ein neues Golf-Modell präsentiert wird. Noch weiter in Vergessenheit dürfte geraten sein, dass das später »Käfer« getaufte Auto zunächst KdF-Wagen hieß – nach der NS-Organisation »Kraft durch Freude« und erst nach dem Zweiten Weltkrieg als »Volkswagen« in den Verkauf ging. Dass dieser Name jedoch, anders als etwa »Volksempfänger« und »Volksgemeinschaft«, keine bedenklichen Assoziationen hervorruft und eher in einem Atemzug genannt werden könnte mit »Volksbibel« und »Volksausgabe«, ist das eigentlich Verblüffende.

A wie Adolf bis Z wie zurückgeschossen

Eine unvollständige Liste belasteter Worte und Wendungen

A wie Adolf
Ähnlich wie der Nachname Hitler ist auch der Vorname Adolf zum Inbegriff des deutschen Nationalsozialismus und seiner Verbrechen geworden. Wenn von »Adolf« oder auch »einem Adolf« gesprochen wird, weiß in der Regel jeder, wer gemeint ist: Adolf Hitler. Entsprechend wird der Name in Deutschland so gut wie nicht mehr vergeben. Allerdings war Adolf selbst im Dritten Reich kein sonderlich beliebter Vorname. Platz 30 auf der Hitliste des Jahres 1940 war der Höchststand. Seit 1951 dann, schreibt Knud Bielefeld, der Betreiber der Homepage *beliebte-vornamen.de*, der akribische Recherchen angestellt hat, »kommt dieser Vorname in den Namensstatistiken fast gar nicht mehr vor«. Was einleuchtend ist, denn wer will schon, dass man das eigene Kind mit einem der größten Verbrecher der Weltgeschichte assoziiert? Nun, es gibt solche Menschen. Etwa die Eltern von Adolf Hitler Campbell. Bekannt wurde die Geschichte des kleinen US-Amerikaners, weil eine Supermarktkette sich weigerte, einen Geburtstagskuchen mit seinem Namen herzustellen. Ganz anders Peru, wo der deutsche Diktator des öfteren als Namenspate bestellt wird, denn dort sind nicht wenige Kinder als Adolf, Adolpho oder gar mit dem Vornamen Hitler registriert. Fragt sich bloß, ob da nicht auch die zahlreichen NSDAP-Parteibonzen und SS-Mitglieder, die sich bei Kriegsende

nach Südamerika absetzten, ihre Spuren in den Namens-
registern hinterlassen haben.

A wie Autobahn

»Ja, aber die Autobahnen!« Lange Jahre waren die deutschen Schnellstraßen eine der letzten Bastionen des
volkstümlichen Geschichtsrevisionismus. Die Argumentation funktionierte im Groben so: Die Juden hätte der
Hitler nicht unbedingt umbringen müssen, der Weltkrieg, nun ja, Frankreich und die USA anzugreifen, war
ebenfalls nicht klug – aber die Autobahnen, von der Nazipropaganda als »Straßen des Führers« inszeniert, auf
die sollte man sich als positive Errungenschaft doch einigen können. Davon abgesehen, dass sie trotz anders-
lautender Behauptungen der NSDAP weder eine Idee
Hitlers gewesen sind noch während des Dritten Reiches
erfunden und damals nicht einmal besonders umfassend
ausgebaut wurden, wa-

ren Autoschnellstraßen
vor allem Ausdruck ih-
rer Zeit – und entstan-
den ebenso in anderen
Ländern wie den USA,
Frankreich und Italien.
Dennoch blieb die Pro-
paganda der Nazis im
deutschen Bewusstsein
haften, und so sind die
Autobahnen noch heute
eng mit dem Namen
Hitler verbunden.

A wie Arbeit macht frei

Vermutlich kein anderer Spruch versinnbildlicht so sehr den Zynismus Nazideutschlands wie dieses »Arbeit macht frei«, das über den Toreingängen der meisten Konzentrations- und Vernichtungslager stand. Selbst wenn man das nationalsozialistische Verständnis von Arbeit als Arbeit für Volk, Rasse und Führer zugrunde legt, verliert der Satz nichts von seiner Unmenschlichkeit und Missachtung der Menschenwürde. Denn in den Lagern wurde ja eben »Vernichtung« durch Arbeit betrieben.

Und doch wird die Wendung, vermutlich da sie aus den an sich unverdächtigen Worten »Freiheit« und »Arbeit« zusammengesetzt ist, als Formel und Phrase bisweilen spontan und unbedacht verwendet, wie jene Episode um die ehemalige Pro-7-Moderatorin Juliane Ziegler eindrucksvoll unterstreicht. Ziegler moderierte 2008 eine sogenannte Call-in-Sendung, bei der arglose Anrufer durch oft undurchschaubare Ratespiele in teuren Hotlines gehalten werden sollen. Um einen Kandidaten anzufeuern, rief Ziegler ein fröhliches »Na, komm, arbeiten« – »Arbeit macht frei« in die Fernsehkameras, um sofort in schallendes Gelächter auszubrechen, als sie ihren Fauxpas bemerkte. Ziegler wurde umgehend suspendiert, und bei Pro 7 sprach man von einem »unentschuldbaren Fehler«. Leider nicht davon, dass etwas geistreichere Moderatoren und Sendungen, von solchen Fehltritten einmal abgesehen, vielleicht generell wünschenswert wären.

F wie Führer

Der Ausdruck »Führer« ist verbrannt, wurde ersetzt durch Chef, Vorstand, Leitung. Oppositionsführer, Mannschaftsführer und Lokführer jedoch überlebten das Dritte Reich, und der Führerschein ist bestenfalls Anlass für blöde Witzchen. In Misskredit geraten ist hingegen das »Führerprinzip« – nur als Wort allerdings, denn es besteht weiter unter neuem Namen: »Leadership« und »Leadershipmanagement« nennt man das jetzt. In dem bereits mehrfach erwähnten Interview mit Harald Schmidt fragte dieser etwa seinen Gesprächspartner: »Stört es Ihre Chefredaktion, wenn wir immer vom ›Führer‹ sprechen? Sollen wir lieber sagen: ›Die Bestie‹?«

Ziemlich genau da verläuft der schmale Grat zwischen dem ironischen und dem vielleicht eben doch unbewusst respektvollen Sprechen über Hitler: Wie oft kann man »der Führer« oder gar »unser Führer« sagen, ohne dass der Eindruck entsteht, man halte Adolf Hitler tatsächlich für den rechtmäßigen Führer Deutschlands? Und schwingt da nicht auch gleichzeitig ein untertäniger Respekt mit? Nicht unbedingt. »Der Führer« ist heute nämlich mehr und mehr zum sarkastischen Kommentar geworden, wenn von vermeintlichen Patrioten wieder einmal der Untergang Deutschlands prophezeit wird. Wenn das der Führer wüsste!

J wie Jedem das Seine

Kaum eine Formulierung hat so häufig und regelmäßig für Skandale gesorgt wie dieses »Jedem das Seine«. Anlässe gab es genug. So warb Nokia 1998 mit dieser Wendung für austauschbare Handyschalen, und eine Burger-King-Filiale in Erfurt 1999 für Hamburger, während der Handelskonzern Rewe eine Kampagne mit dem Motto »Grillen: Jedem das Seine« startete und ein Internetunternehmen jubelte:

»Die neue Yahoo-Startseite macht es möglich: Jedem das Seine.« In Nordrhein-Westfalen protestierte die CDU-Jugendorganisation mit diesen Worten gegen die Einführung der Gesamtschule, die österreichische Fluggesellschaft Austrian Airlines pries mit dem wunderbar albernen und geradezu absurden Wortspiel »Jedem die Seine« Flugreisen nach Paris an (erhob aber Einwände gegen den Abdruck des Plakats in diesem Buch), und Esso-Tankstellen sowie der Kaffeeröster Tchibo wollten mit dem Slogan »Jedem den Seinen« Kaffeevarianten an den Mann bringen.

Die jeweils folgende Empörung kann nicht überraschen, handelt es sich doch um den Schriftzug, der die Häftlinge des KZs Buchenwald bei Weimar bei ihrer Einlieferung ins Lager empfing. Allerdings liegt der Fall komplizierter, denn »Jedem das Seine« ist eigentlich ein altes Rechtsprinzip aus dem Römischen Reich, formuliert von Cato dem Älteren. Ulpian, ein römischer Rechtsgelehrter, nutzte es später, um den Sinn der Rechtsprechung an sich zu beschreiben: *Iustitia est constans et perpetua voluntas ius suum cuique tribuendi* – die Gerechtigkeit ist der beständige und dauerhafte Wille, jedem sein Recht zukommen zu lassen. Das Königreich Preußen erwählte übrigens genau dieses *Suum Cuique* zu seinem Wahlspruch.

Darum aber ging es den Nazis, die ansonsten bisweilen gerne die alten Preußen bemühten, in der Tat nicht. Während Ulpian und die in seiner Tradition stehenden Denker – unter anderem Platon, Aristoteles, Seneca, Cicero, der Apostel Paulus, Hobbes, Spinoza, Kant und Nietzsche – Recht individuell denken und darüber streiten wollten, wem denn nun was zustehe, missbrauchten die Nazis in ihrem Rassen- und Kollektivdenken »Jedem das Seine« als Rechtfertigung ihres grausamen Treibens: Juden, Kommunisten, Homosexuelle, Sozialdemokraten, Sinti und Roma hatten es »nicht anders verdient« und waren quasi »selbst schuld«. Oder wollte man sich vielleicht doch an den preußischen Wahlspruch anhängen, um dem ungesetzlichen Tun ein Deckmäntelchen alter Rechtstradition umzuhängen?

Obwohl unter historischen und rechtlichen Gesichtspunkten betrachtet das Motto also moralisch einwandfrei ist, verbietet es sich angesichts seiner Pervertierung durch die Nazis als Werbeträger, zumal man einen gewählten Slogan nicht erklären müssen sollte. Ob man allerdings wie Salomon Korn, Vizepräsident des Zentralrats der Juden in Deutschland, tönen muss, die Verwendung sei eine »nicht zu überbietende Geschmacklosigkeit« und ein Beispiel »totaler Geschichtsunkenntnis«,

HENRYK M. BRODER

Jedem
das
Seine

ÖLBAUM VERLAG

das wäre zu diskutieren. Immerhin betitelte auch Henryk M. Broder im Jahr 2000 ein Buch über den Status quo in Deutschland mit diesem Motto – und während man Broder bisweilen durchaus Geschmacklosigkeit unterstellen kann, ist Geschichtsunkenntnis in seinem Fall nun wirklich ausgeschlossen.

K wie Konzentration

Viele Begriffe der Nationalsozialisten, schreibt der ehemalige israelische Politiker und Autor Avraham Burg (*Hitler besiegen: Warum Israel sich endlich vom Holocaust lösen muss*), seien entwickelt worden, um die »Ängste der Juden zu beschwichtigen, damit sie widerstandslos in die Vernichtungszentren gingen«. Die verlogenen, weil beschönigenden Begriffe etablierten sich im Gedächtnis seiner Landsleute. »Wir nennen«, sagt Burg beispielsweise, die »Nazi-Vernichtungslager immer noch ›Konzentrationslager‹«. Auf die Deutschen bezogen stellt er in seinem Buch fest, dass die Umdeutung von Worten und Begrifflichkeiten dazu gedient habe, das deutsche Volk »einer Gehirnwäsche zu unterziehen«. Eine Maßnahme, die nachwirkt, denn dieser Begriff hat durch den NS-Sprachgebrauch eine gewisse Doppeldeutigkeit erhalten.

In einem frühen Comic von Walter Moers, lange bevor der mit den *Adolf*-Comics die deutsche Erinnerungskultur aufmischte, findet sich ein Dialog zwischen einer Pädagogin und einem Schüler, der diese Problematik verdeutlicht. Die Lehrerin herrscht den Schüler an, er müsse sich dringend konzentrieren. Worauf der Schüler fragt: »Ist das hier ein Konzentrationslager?« Und schon befindet sich die Pädagogin in erheblichen und sehr komischen Schwierigkeiten, den Begriff und seine Bedeutung zu erläutern.

Auch in der amerikanischen Serie *South Park* taucht diese Pointe auf. In der Episode »Konzentrationslager« kommt der New Yorker Cousin eines der Protagonisten nach South Park. Er verkörpert das Klischee eines Juden von der amerikanischen Ostküste, angelehnt an die Figuren Woody Allens: weinerlich, wählerisch und egozentrisch. Am ersten Tag in der neuen Schule mahnt ihn die Lehrerin: »Du musst dich konzentrieren! Konzentration ist der Schlüssel, um das Klassenziel zu erreichen!« Woraufhin Cartman, das Enfant terrible der Serie, ruft: »Vielleicht müssen wir ihn in ein Konzentrationslager stecken!«

L wie Lager

Bekanntermaßen wird die Promi-Sendung *Ich bin ein Star – holt mich hier raus* umgangssprachlich »Dschungelcamp« genannt. Nicht Dschungellager etwa, denn das

Wort Lager ruft ja Assoziationen zu Konzentrationslager hervor. In Anspielung auf eine Werbung der Frankfurter Binding-Brauerei und deren Lagerbier witzelte das Satiremagazin *Titanic* schon in den Neunzigern mit einer Abbildung Adolf Hitlers an einer Bar: »Polen! Ich hatte da mal ein Lager …«

L wie Lebensraum

Bereits in seinem programmatischen Buch *Mein Kampf* ließ Hitler sich über die Idee aus, Deutschland gen Osten zu erweitern. Für dieses Bestreben setzte sich in den Jahren bis zum Zweiten Weltkrieg die Wendung »Lebensraum im Osten« durch – und in den Köpfen der Deutschen fest. Als das Schweizer Handelsunternehmen Migros 2009 seine Bioprodukte mit einem aus Nudeln geflochtenen Nest und dem in großen Lettern gesetzten Wort »Lebensraum« bewarb, wunderte sich in der Schweiz kaum jemand. In Deutschland aber, wo die Nazipropaganda den Begriff zur Rechtfertigung des Zweiten Weltkriegs und ihrer Eroberungspolitik missbraucht hatte, wäre das nicht möglich oder nicht zu empfehlen gewesen. Obwohl der Begriff »Lebensraum« ziemlich genau das bezeichnet, was die Schweizer veranschaulichen wollten – das natürliche Umfeld einer Spezies.

Z wie Zurückgeschossen

Der Zweite Weltkrieg begann mit dem Überfall der Wehrmacht auf Polen – und mit einer berühmt gewordenen Propandalüge. Auf Weisung Hitlers wurde im August 1939 nicht nur mit den Vorbereitungen der Eroberung Polens begonnen, sondern auch eine Inszenierung ersonnen, mit der man dem angegriffenen Polen die Schuld am Kriegsausbruch geben konnte. Der angebliche Überfall auf den grenznahen Sender Gleiwitz sollte als Rechtfertigung für den Überfall der deutschen Wehrmacht auf Polen dienen. Und tatsächlich: Die Deutschen bekamen es schwarz auf weiß zu sehen: drei polnische Soldaten, beim Vordringen in den Sender erschossen. Tatsächlich jedoch handelte es sich um von der SS ermordete KZ-Häftlinge, die man in polnische Uniformen gesteckt hatte. Am Morgen des 1. September 1939 sprach Adolf Hitler dann im Reichstag die berühmt gewordenen Worte: »Polen hat nun heute Nacht zum ersten Mal auf unserem eigenen Territorium auch durch reguläre Soldaten geschossen. Seit 5.45 Uhr wird jetzt zurückgeschossen.«

Sowohl die Uhrzeit als auch die Behauptung, es werde »zurückgeschossen«, sind seitdem in der deutschen Sprache quasi als stehende Wendungen etabliert. Wer sie benutzt, ob schriftlich oder mündlich, bezieht sich dabei auf Hitlers Ansprache.

Otto Waalkes, trotz seiner engen Zusammenarbeit mit Robert Gernhardt und der Neuen Frankfurter Schule eher nicht bekannt für ausgebufften politischen Witz, nahm genau auf diese Wendung Bezug in seinem Sketch »Wollemernreinlasse?«, der 1983 auf der LP *Hilfe, Otto kommt* veröffentlicht wurde. In einer Parodie auf eine hessische Karnevalssitzung geht da ein »Herr Dr. Dreist von Chemie« in die Bütt und beginnt mit seinem Vortrag:

Die Presse und der Umweltschutz
die ziehen die Chemie in Schmutz
Des hat uns lang genug verdrosse –
ab heute wird zurückgeschosse

Reichlich ungewöhnlich für die frühen Achtziger und den damaligen humoristischen Mainstream – entsprechend brauchte das Publikum ein paar Schrecksekunden, ehe ein verunsicherter und eher verhaltener Applaus einsetzte.

Die Unsicherheit hat bis heute überdauert. Ist jede militaristische Wendung NS-Sprech? Ist jeder Superlativ verdächtig? Während ein Wörterbuch sich ähnlich einfach entgiften lässt wie ein Stadtplan von Adolf-Hitler-Straßen, ist es eben wesentlich schwerer, den Sprachgebrauch der Bevölkerung zu entnazifizieren. Im Guten wie im Schlechten.

Womit wir wieder bei einer der Grundsatzfragen der Erinnerungskultur wären: Ist es nun besser, alle Bereiche von Alltag, Medien und Kultur fein säuberlich zu entnazifizieren, um dann fortan ohne jede böse Erinnerung leben zu können – befreit von Geisel und Geist des Nationalsozialismus und den unangenehmen Assoziationen? Oder ist dieser Eiertanz, dieses Schwanken zwischen Anstand und Übervorsicht, sind diese manchmal albernen, manchmal anstrengenden Debatten um Begrifflichkeiten und Worte nicht doch eigentlich richtig – weil sie zeigen, dass das Dritte Reich zwar vorbei, aber eben nicht vergessen ist?

III. Dafür stehe ich mit meinem Namen: Adolf Hitler – Werbung mit dem »Führer«

Ein Mann und eine Frau taumeln in ein dunkles Zimmer. Es ist spät in der Nacht, von irgendwoher das pumpende Geräusch billiger Bässe. Schnell streift sich die nach gängigen Kriterien attraktive Frau das Kleid über den Kopf, zieht ihren Stringtanga hektisch über die Oberschenkel. Die Scheiben beschlagen, so heiß geht's her. Schemenhaft erkennt man im Halbdunkel, wie Mann und Frau sich durch diverse Sexpositionen turnen. Die Schnitte werden schneller, die plakative Lust aufdringlicher, dann erkennt der Zuschauer, wer da mit der jungen Frau zugange ist: Adolf Hitler. Und die Botschaft des Spots? AIDS ist ein Massenmörder, so der eingeblendete Schriftzug.

Keine Frage, die Kampagne, die der Anti-AIDS-Verein »Regenbogen« 2009 anlässlich des Welt-AIDS-Tages präsentierte, war das, was man in den Werbeagenturen »aufmerksamkeitsstark« nennt: Hitler und Sex, Erotik und tödliche, unheilbare Krankheiten, das sind im Groben schließlich die Zutaten, mit denen Zeitungsmacher gerne sowohl ihre Blätter als auch ihre Kassen füllen.

Zu einer weiteren, höchst provokanten Anleihe beim

Dritten Reich griff auch der zugehörige Radiospot der Berliner Anti-AIDS-Kampagne: In Anlehnung an Goebbels berühmte Rede im Berliner Sportpalast vom Februar 1943 (»Wollt ihr den totalen Krieg?«), mit der die deutsche Bevölkerung nach der Katastrophe von Stalingrad wieder auf Parteilinie gebracht und zu erhöhten Kriegsopfern motiviert werden sollte, rief ein schnarrender Redner der grölenden Menge zu: »Wollt ihr alle AIDS?« Das Publikum im Spot jubelte vom Band.

Würde es allein um Aufmerksamkeit gehen, dann hätte die Kampagne ihr Soll sicherlich erfüllt. In der Tat hält sich die für diese Werbung verantwortliche Hamburger Werbeagentur »Das Comitee« zugute, damit in »über 30 Ländern in den Hauptnachrichten« erwähnt worden zu sein sowie »über 10 Millionen Viewers und Downloads in einer Woche auf der Homepage« und »mehr als 3000 Plakatbestellungen weltweit« erreicht zu haben. Doch das war nur die eine Seite der Medaille, denn – von Fragen des guten Geschmacks einmal abgesehen – ging der Schuss letztlich nach hinten los.

Sehr schnell stellte sich nämlich heraus, dass die unsensible Kampagne der Sache, der AIDS-Prävention, nicht unbedingt dienlich war. Im Gegenteil: Die Deutsche AIDS-Hilfe forderte den sofortigen Stopp, weil der Spot nicht bloß die Opfer des Nationalsozialismus verhöhne, sondern zudem HIV-positive Menschen mit Massenmördern gleichsetze. Die Bundeszentrale für gesundheitliche Aufklärung bezeichnete die Kampagne außerdem als »geschmacklos und kontraproduktiv« – und so nimmt es auch wenig wunder, dass die Werbeagentur Bedenken hatte, die Abdruckgenehmigung für jenes Plakat zu erteilen, das Hitler beim Begatten einer jungen Frau zeigt. Allerdings kein Einzelfall, auch anderen schien das Thema zu heikel, zumindest im Nachhinein.

Überdies stellt sich natürlich die Frage, was überhaupt die zentrale Aussage des Spots sein sollte. Klingt eher nach einem schlechten Scherz als nach einer durchdachten Werbebotschaft:

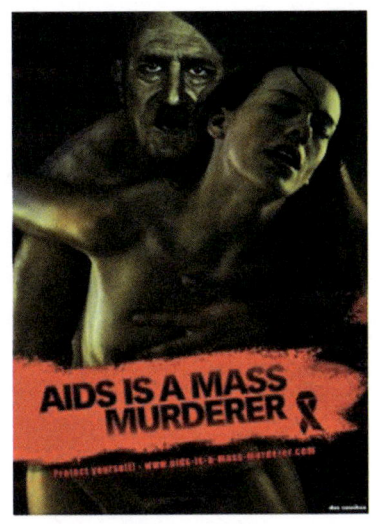

AIDS ist wie Hitler – fängt man sich schnell ein, kriegt man nie wieder los und kostet Millionen Menschen das Leben.

Ja, Aufmerksamkeit lässt sich selten so billig kriegen wie mit Hitler – und mit Sex. Beide sind schnell bei der Hand, provozieren und polarisieren, sorgen demzufolge für viel Wirbel, stellen aber zugleich dermaßen abgeschmackte, untaugliche und auch fahrlässige Zutaten dar, dass von einer solchen Kampagne (die unter anderem auch Saddam Hussein und Josef Stalin beim Geschlechtsverkehr zeigte) letztlich vor allem die Geschmacklosigkeit und das fehlende Feingefühl in Erinnerung blieben.

Beispiele wie dieses gibt es im Dutzend – was die Frage aufwirft, warum und wie man überhaupt auf diese obskure Idee kommen kann: Werbung mit Adolf Hitler. Denn ganz grundsätzlich sollte man doch eigentlich mei-

nen, er sei unter allen Personen der Welt- und Zeitgeschichte am wenigsten für Reklame- und Werbezwecke
geeignet. Ein faschistischer Diktator, der den Zweiten
Weltkrieg mit rund 60 Millionen Toten vom Zaun gebrochen hat, ein Antisemit, der den Mord an über sechs
Millionen Juden befahl, der rassisch und politisch Missliebige, Kranke und Schwache tödlichen »Sonderbe-
handlungen« zuführen ließ – auf den ersten Blick nicht
unbedingt ein Mensch, den man mit einem zu bewerben-
den Produkt oder Anliegen in Verbindung bringen will.
Sollte man meinen.

Und doch: Gerade in der Werbung erfreut sich Adolf
Hitler einer ungebrochenen, womöglich sogar zunehmen-
den Präsenz, und das weltweit. Es scheint, als sei er vor
allem zur Standardmetapher für alles Lebensgefährliche
und Tödliche geworden: Betrunken Auto fahren? Ist Hitler.
Rauchen? Hitler. Pelz, Fleisch, Eier? Hitler, Hitler, Hitler.

Es mag ja ein hehres, ehrenwertes Anliegen sein, Menschen mit Hang zum Alkohol in Erinnerung zu rufen, dass

sie besser die Autoschlüssel abgeben und zu Fuß gehen oder ein Taxi nehmen sollten. Doch lässt sich das nicht anders und besser vermitteln als in einer Anzeige, in der man vom Fond eines Autos über die Schulter des Fahrers schaut, den Tacho zu sehen bekommt, der Tempo 180 zeigt, während sich vor einem verschwommen ein dunkler Tunnel auftut – und man in diesem Moment im Rückspiegel die Gesichtszüge von Adolf Hitler erkennt? Eines überraschend schlechten Hitlers zudem. Eher ist es die Visage eines müden Mannes mit kleinen blauen Äuglein, den man niemals als Hitler identifizieren würde – wäre da nicht der charakteristische Bart.

Um die logische Kluft zwischen betrunkenen Autofahrern und Hitler gewaltsam sinnstiftend zu überbrücken, greift man für den Werbeslogan schließlich in die Requisitenkiste pathetischer Beschwörungen: »Betrunken fahren lässt Sie allen Respekt vor dem Leben verlieren.«

Leider ist diese Kampagne kein Einzelfall. Viele haben in den vergangenen Jahren den hilflosen Versuch unter-

nommen, eine wichtige gesellschaftliche Botschaft mit freundlicher Unterstützung von Adolf Hitler zu vermitteln. So etwa die indische »Cancer Patients Aid Association«, auf deren Plakaten man Hitler düster im Halbdunkel sehen konnte, daneben die Zahl 6 Millionen notiert. Dagegen stünden, war weiter zu lesen, 53 Millionen Tote durch Zigarettenrauchen.

Wo Massenmord so relativiert wird, stellt sich die Frage, ob selbst der gute Zweck wirklich alle Mittel heiligt. Abgesehen von solch ethischen Vorbehalten sei angemerkt, dass auch der Umgang mit den Opferzahlen höchst fahrlässig war. Immerhin tragen Hitler und Nazideutschland die Schuld am Tod von rund 60 Millionen Menschen, die durch Völkermord, Terrorherrschaft in den KZs und den besetzten Ländern sowie den Zweiten Weltkrieg ums Leben kamen.

Offenbar hielten jedoch nicht nur die Werber in Indien diese Idee für wahnsinnig brillant: Exakt dieselbe Botschaft machte sich nämlich auch der brasilianische Gesundheitsverband Unimed zu eigen – allerdings ohne direkten Zahlenvergleich und grafisch etwas geschickter und damit unverfänglicher gelöst. »Rauchen tötet mehr« steht in einem Mosaik aus Zigarettenstummeln, das ein Porträt Hitlers darstellt. Man darf allerdings vermuten, dass auch bei Unimed ein spätes Umdenken bezüglich der letztlich unglücklichen Werbung eingesetzt hat – denn Unimed hätte den Abdruck ihrer Kampagne in diesem Buch gerne untersagt.

Oder ein anderes Beispiel aus Spanien: Dort warb die Organisation Africa Directo für lebensrettende Impfprophylaxe mit einem aus Moskitos zusammengesetzten Hitler-Kopf und dem Spruch: »Nichts und niemand kostet so viele das Leben wie Malaria.«

Auch in Deutschland lässt sich Vergleichbares finden. So bediente sich der Verein »Noah – Menschen für Tiere« in einer von der renommierten Werbeagentur Jung von Matt erdachten Kampagne »Respekt vor dem Leben«, die den Schutz von Pelztieren auf ihre Fahnen geschrieben hatte, ebenfalls der Negativfolie Hitler. »Wer Pelz trägt, hat keinen Respekt vor dem Leben«, stand auf den in erdigen Farben gehaltenen Anzei- 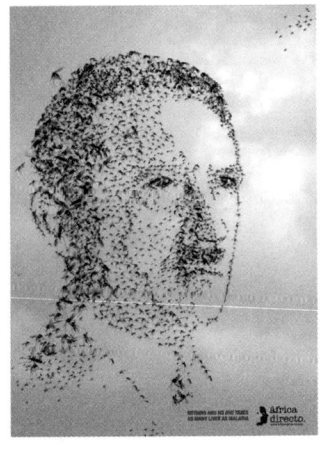 gen, die einen überraschend netten, fast nachdenklichen Adolf Hitler zeigten, natürlich mit Pelzkragen. Man mag durchaus und mit gutem Grund Pelzmäntel und die Pelztierzucht ablehnen – der implizite Holocaustvergleich, der hier gezogen wird, ist jedoch zumindest fahrlässig, wenn nicht töricht. Aber wer weiß: Möglicherweise sieht die Welt in den Augen eines radikalen Tierschützers eben exakt so aus.

Auch wenn sich viele Tierschützer vermutlich von eben dieser Überspitzung, von solcher Selbstgerechtigkeit und solch falschem Pathos angesprochen fühlen, macht gerade dieses Beispiel deutlich, wie Substanz und kritische Distanz verloren gehen, wenn man mit Hitler für seine Sache zu werben versucht. Schließlich gibt es nicht nur diese beiden Schubladen: Tierschützer einerseits und Pelzträger gleich Hitler andererseits. Man kann selbstverständlich Pelz tragen und trotzdem »Respekt vor dem Leben« haben, auch vor dem von Tieren. Nur eben nicht so bedingungslos und uneingeschränkt, wie Tierschützer das für richtig finden.

Zudem sollten sich die Initiatoren und Gestalter solcher Kampagnen fragen, wen sie mit ihrem Entwurf eigentlich zu erreichen gedenken. Denn ohne alle Abstriche richtig und begrüßenswert dürften diese Art von Werbung ohnehin nur jene kompromisslosen Tierschützer finden, die Pelzträger für die Ausgeburt des Bösen per se halten. Eben für Hitler. Dass durch dermaßen absurde Assoziationen auf unterem Niveau wirklich Überzeugungsarbeit geleistet werden kann, scheint eher zweifelhaft. Desgleichen, ob man wirklich diejenigen, die man bekehren will, zu diesem Zweck beleidigen sollte?

Eine Anzeige, die an der renommierten Miami Ad School beziehungsweise an deren brasilianischer Filiale in Sao Paolo zum Thema Naturschutz erdacht wurde, macht denselben Fehler: Da sieht man auf einer Schwarz-Weiß-Fotografie einen äußerst grimmig dreinblickenden Adolf Hitler, der, offenbar bei einem öffentlichen Auftritt, den Arm zum Deutschen Gruß hebt. Darunter steht: »So sieht dich die Natur.« Nämlich als hasserfüllten Zerstörer und millionenfachen Mörder. Bei diesem Entwurf kommt zu den generellen inhaltlichen Vorbehalten noch ein technischer Lapsus als Manko hinzu. Denn in ihrem Enthusias-

mus haben die brasilianischen Studenten die Bildvorlage gespiegelt, damit Hitler in eine für die Gestaltung genehmere Richtung blickt. Blöd nur, dass er dadurch den falschen, nämlich den linken Arm zum Gruß hochhält – und das Hakenkreuz, prominent im Vordergrund zu sehen, ebenfalls seitenverkehrt erscheint. Wenn einem schon keine bessere Metapher für Zerstörung und Tod einfällt als der unverwüstliche Hitler, sollte man zumindest historisch so firm sein, dass einem nicht noch zusätzliche Fehler unterlaufen.

Den Gipfel an peinlicher Geschmacksverirrung aber leistete sich die neuseeländische Pizza-Kette »Hell«. Zugegeben: Wer seinen Pizzaservice »Hölle« nennt und sich nicht zu schade ist, diesen Namen mit sehr, sehr offensichtlicher Symbolik zu garnieren, ist vermutlich generell nicht so sehr für Feingefühl, Innehalten und angebrachte Selbstzweifel zu haben.

Hell Pizza ließ also 2007 von einer Aucklander Werbeagentur eine Billbordanzeige zusammenschustern,  die einen schemenhaften Adolf Hitler zeigte, der den Arm zum Gruß hob und dabei in der Hand ein Stück Pizza in die Höhe hielt. Daneben geschrieben stand ein sehr, sehr frei übersetztes Hitler-Zitat (»Es ist möglich, die Menschen glauben zu lassen, der Himmel sei die Hölle«). So warb Hell-Pizza letztlich mit einer Passage aus *Mein Kampf*: »Durch kluge und dauernde Anwendung von Propaganda«, heißt es dort, kann »einem Volke selbst der Himmel als Hölle vorgemacht werden und umgekehrt das elendste Leben als Paradies.«

Die Reaktionen auf den wirren Mix aus Pizza, Hitler und *Mein Kampf* waren gelinde gesagt heftig. Pizza und Hitler, das war den Neuseeländern zu viel. »Wir dachten, die Leute würden den Witz verstehen, dass ein Typ den Hitler-Gruß mit einem Stück Pizza in der Hand macht. Wenn man über etwas lacht, nimmt man ihm ja auch die Kraft«, versuchte sich Kirk MacGibbon von der verantwortlichen Werbeagentur Cinderella herauszuwinden – ohne freilich erklären zu können, was genau daran witzig sein sollte. Oder inwiefern eine Pizzawerbung zu der Destruktion des Mythos Hitler beitragen könnte. Wenige Tage später waren die Anzeigentafeln, Zeitungsberichten zufolge, verschwunden.

Während bei Hell Pizza der Zusammenhang Hitler – Pizza – Konsument vollkommen unklar blieb, ließ eine türkische Werbekampagne für ayuverdischen Antistresstee keine Fragen offen. Zu sehen war da ein verliebt dreinschauender Adolf-Hitler-Darsteller, der an einer Rose schnüffelte, wahlweise einen Smileybutton ans Revers geheftet hatte oder mit Hawaiihemd und Sonnenbrille entspannt in den Tag blickte. »Machen Sie Ihren Frieden mit der Welt«, lautete der Werbeslogan, dessen Ziel es war, grob gesagt folgende Botschaft zu vermitteln: Dieser Tee wirkt so beruhigend, dass er selbst die größten Choleriker zur Ruhe bringt und besänftigt.

Nun ist Adolf Hitler, spätestens seit *Der Untergang* ihn

als verzweifelten, verwirrten Schreihals auf die Leinwand brachte, weltweit nicht nur als Diktator und Massenmörder, sondern auch als Wüterich bekannt. Was aber sagt das dem potenziellen Käufer? Wenn Sie wie Hitler sind, trinken Sie diesen Tee? Wenn sich der Hitler in Ihnen regt, regen Sie sich mit unserer Blütenmischung ab? Falls Sie das Gefühl verspüren, einen Weltkrieg vom Zaun brechen und einen Völkermord verüben zu wollen, greifen Sie zum ayurvedischen Heißgetränk? Ein eher schräger Gedanke: Dass jemand vor diesem Plakat steht und sich ganz persönlich angesprochen fühlt.

Die Werber jedoch scheinen an die Wirkung ihres Entwurfs zu glauben, denn an der exakt gleichen Pointe versuchte sich auch eine Anzeige für ein asiatisches Restaurant im indonesischen Jakarta. Da sitzt Adolf Hitler, versteckt hinter einem Vorhang und unter einer immensen Hakenkreuzfahne, wohl hinter der Bühne vor einer Rede, und freut sich wie ein Schneekönig über eine Fast-Food-Box Nasigoreng. Und neben dem Gesicht des fröhlich essenden Hitler steht zu lesen: »Man kann ja nicht alles hassen.«

Der geschulte Betrachter weiß natürlich sofort, was gemeint ist: Selbst wenn einer von Hass nur so zerfressen

ist wie weiland der groß-
deutsche Diktator, ver-
mag ihn das Essen von
Chopstix zum angeneh-
men Zeitgenossen zu
verwandeln. Bloß schade,
dass solche Erkenntnisse
anno 1933 noch fehlten.
Regelmäßig ein Papp-
karton gebratener asia-
tischer Nudeln oder ein
Schüsselchen Suppe –
und der Menschheit wäre
viel Leid erspart geblie-
ben. So einfach lässt sich

Geschichte also umdeuten. Falls dies im Groben jedoch
die Quintessenz dessen ist, was der Allgemeinheit über
diesen Mann dauerhaft in Erinnerung bleibt, kann einem
ganz schön mulmig werden. Die Gefahr nämlich, dass
Hitler angesichts solch simplifizierender Werbepräsenz
bald kaum größeren Schrecken verbreitet als Gargamel
von den Schlümpfen und Kater Karlo, ist durchaus gegeben.

Trotzdem scheinen der Vermarktung des »Führers« als
Sinnbild des Bösen keine Grenzen mehr gesetzt zu sein.
So schaltete die niederländische Versandapotheke Doc-
Morris 2009 als Werbung für Kondome eine Anzeige, auf
der eine Horde quicklebendiger Spermien zu sehen war,
deren größtes sich durch Frisur und Bart leicht als Adolf
Hitler identifizieren ließ. Verhüted den Führer? Selbstver-
ständlich war die Anzeige ein Hingucker: Hitler und Sex,

eine unendliche Geschichte! Doch auch wenn sich hier die
Gestalter kreativ so richtig ins Zeug gelegt haben mögen,
blieb die Botschaft eher nebulös: Make love, not Hitler?
Das Kind, der kleine Diktator? Oder war es ein Appell für
Safer Sex im Kampf gegen den bekannten Massenmörder
AIDS?

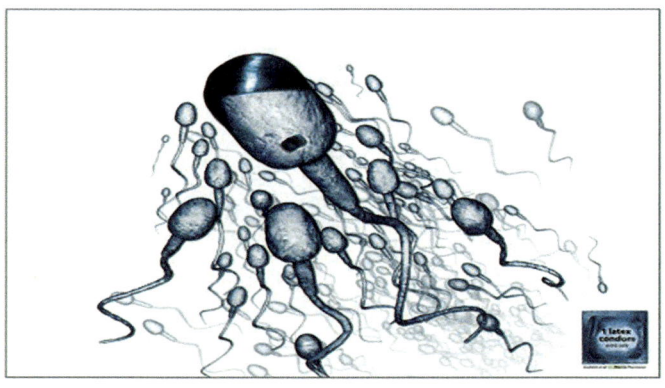

Der Aufschrei war groß, die verantwortliche Werbeagentur bemühte sich um Schadensbegrenzung und verzich-
tete auf die weitere Verbreitung der beanstandeten Motive. Allerdings keineswegs in erster Linie wegen Hitler:
Es waren die mittlerweile höchst einflussreichen Chinesen, die massiven Protest einlegten, weil es da auch ein
Mao-Spermium zu sehen gab. Eilends versicherten die
Niederländer der chinesischen Nation den allergrößten
Respekt, redeten von bedauerlichen Missverständnissen
und traten unter ehrerbietigen Kotaus den Rückzug an.
Mit einem Adolf-Spermium allein wäre ihnen dieses De-
saster nicht passiert. Den kann man tatsächlich durch je-

den Kakao ziehen, ohne dass sich irgendjemand, mit Ausnahme Ewiggestriger oder Neonazis, beleidigt fühlt. Die Chinesen stehen da ungleich treuer zu ihrem großen Vorsitzenden, und selbst die Russen haben es nicht sonderlich gerne, wenn man Stalin allzu sehr verunglimpft.

Viel schwieriger ist es, ohne Hitler zu werben, wenn es inhaltlich tatsächlich irgendwie um ihn geht. So erfreut er sich natürlich ganz besonderer Beliebtheit, wenn Geschichte selbst beworben werden soll – historische Dokumentationen entsprechender Fernsehsender oder Serien in Magazinen machen sich den ominösen Mann mit dem kleinen Bart besonders häufig zunutze.

Nehmen wir beispielsweise den amerikanischen Fernsehkanal History (früher History Channel), der seit jeher sehr gerne mit Hitler hantiert. »Leider zeigen wir auch Wiederholungen«, stand klein gedruckt auf einem Pla-

kat des Senders, auf dem neben Adolf Hitler der simbabwische Diktator Robert Mugabe abgebildet war. Die Botschaft: Aufklärung und Information sind wichtig, weil die Geschichte sich zu wiederholen droht. Weil es Muster gibt. Und weil Geschichte bis in die Gegenwart nachwirkt. Aber musste es zwangläufig Hitler sein? Oder anders ausgedrückt: Warum bot er sich unbedingt für diesen Vergleich mit Mugabe an? Worin sollten die bestechenden Parallelen und die Wiederholung der Geschichte in diesem Fall bestehen? In der Diktatur? Oder wieder bloß im Bart?

Dieser ursprünglich Zweifingerbart genannte Wuchs hat sich bereits seit Hitlers Tagen zum beinahe ikonisch

grafischen Element entwickelt. Wenn schon Schmierfinken nur selten der Versuchung widerstehen können, in jedes Plakat mit Gesicht einen solchen Bart zu kritzeln, können die Kreativen der Werbebranche natürlich nicht zurückstehen.

So auch das Magazin *History Files*, dessen Werbekampagnen in eigener Sache im Grunde allerdings hinreißend charmant sind: Mit Strichmännchen, Schmierereien und Streetartmotiven wurden zu Ikonen gewordene Momente und Personen der Weltgeschichte – im Sinne des Wortes – skizziert. Die Konferenz von Jalta. Der standfeste Demonstrant vor den Panzern auf dem Platz des himmlischen Friedens in Peking. Der Mord an John F. Kennedy. Der 11. September. Und eben auch Lenin, Mao, Hitler.

Wenn man Hitler aber mit wenigen Strichen zu zeichnen versucht, dann führt am Bart kein Weg vorbei, und so ist dieser zu seinem Kennzeichen und auch zu einer Metapher für ihn geworden. Und hat sich, meist in Kombination mit dem ebenfalls charakteristischen Scheitel, in der Werbung als beliebtes Motiv etabliert. Unter anderem bei Hewlett Packard, Indien, die auf ihren Anzeigen eine Silhouette zeigten, die vage an den Scheitel Hitlers erinnerte und in deren Mitte ein Memorystick zu sehen war, der sich mit zusammengekniffenen Augen und viel gutem Willen als ein etwas aus der Form geratener Hitler-Bart identifizieren ließ. Nur: Was hat ein Memorystick mit Adolf Hitler zu tun, mal rein inhaltlich betrachtet?

Eben: nichts. Und das erkennt man auch an dem Werbesprüchlein, das keinerlei Bezüge herzustellen und das Fehlen jeglicher Logik nicht einmal ansatzweise zu kaschieren vermochte, sondern alles nur noch obskurer machte. »8 Gigabyte politischer Reden«, stand da unter dem Hitler-

Kopf. Man muss kein Historiker mit Schwerpunkt Nazideutschland sein, um das als ausgemachten Unsinn zu enttarnen. Aber so ist es nun mal mit beinahe allen Werbungen, die Hitler ins Rampenlicht schieben: Sie schielen auf den vordergründigen Aufmerksamkeitswert und kümmern sich einen feuchten Kehricht um historische Seriosität.

Mit der Ästhetik von Scheitel und Bart spielte ebenso eine Werbung der Bonner Firma »Hut Weber«, deren von der Hamburger Werbeagentur Serviceplan entworfenes Plakatmotiv entfernt an Charlie Chaplins Film *Der große Diktator* erinnerte und als zentrale Aussage die Überzeugung transportierte, dass ein Hut den Gesamteindruck eines Menschen grundlegend verändere.

In ganz anderer Weise nahm sich das Wiener Kunsthistorische Museum 2007 der Thematik an. Für eine Ausstellung über Hitler und seine Malerei entwarf man eine

Anzeige, auf der mit wenigen schwarzen, schlau platzierten Pinselstrichen Hitlers Konterfei angedeutet wurde. Eine smarte Werbung, die durchaus auch dem Wissen Rechnung trug, wie stark Scheitel und Bart Hitlers als Ikonen im allgemeinen Bewusstsein verankert sind.

DER MALER ADOLF HITLER
20. April bis 26. Oktober 2007

kunst
historisches
museum

Aber zurück zur Ausgangsfrage: Warum ausgerechnet immer, immer Hitler? Dass Hitler so gerne von Werbedesignern genutzt wird, hat drei sehr simple Ursachen. Erstens weil er wahnsinnig einfach darzustellen ist: den Scheitel, den Bart – und schon hat man den Hitler. Die Andeutung genügt, tatsächliche Ähnlichkeit ist irrelevant. Zweitens weil weltweit praktisch jeder weiß, wer Hitler war und wofür er steht. Und drittens weil er als das personifizierte Böse gilt. Natürlich könnte man auch Stalin, Pol Pot oder Mao für die Versinnbildlichung von Tod und Teufel heranziehen, doch sind diese Personen entweder umstritten oder schwer darzustellen. Bei Hitler hingegen erübrigt sich jede Diskussion

Wenn man – wie der südafrikanische Eierlieferant Nulaid – beispielsweise zum Ausdruck bringen will, dass die eigenen Erzeugnisse anderen haushoch überlegen sind, und die Produkte der Konkurrenz als »bad eggs« bezeichnet, was im Englischen umgangssprachlich auch »schlech-

ter Kerl« bedeuten kann, dann böten sich zur Personifizierung ja durchaus Beispiele aus der eigenen Landesgeschichte an. Pieter Willem Botha etwa, dessen National Party nicht nur offen mit den Nazis sympathisierte, sondern mit ihrer rassistischen Apartheidspolitik Südafrika über Jahrzehnte prägte. Doch Botha wäre nicht nur eher schwierig als Ei darzustellen, sondern eine solche Karikatur würde seitens einer beträchtlichen Anzahl weißer Südafrikaner als Provokation begriffen. Hitler hingegen gilt eindeutig als Bösewicht und darf folglich öffentlich als »schlechter Kerl« bezeichnet werden.

Ist es denn nun, angesichts so vieler Negativbeispiele, überhaupt möglich, mit Hitler zu werben, ohne völlig ins Geschmacklose abzugleiten? Nun, es ist schwierig, aber doch nicht ganz unmöglich. Nehmen wir etwa die Anzeigen des brasilianischen Weinherstellers »A Bella Sintra«, die grafisch nicht sonderlich originell einem klassischen Vorher-nachher-Schema folgten. Links las man über einem Hitler-Porträt die Inschrift »Adolf Hitler 1939« und rechts »Adolf Hitler 1946«, doch darunter befand sich ein leerer Rahmen. Und die Quintessenz lautete, auf das beworbene Produkt, den Wein, bezogen: »Manche Dinge werden mit der Zeit besser.« Kein Genie-streich zwar, aber immerhin ganz und gar keine Peinlichkeit und keine Beleidigung von Anstand und Intelligenz des Betrachters. Doch es geht noch besser.

Der indische Ableger der global agierenden Agentur Leo Burnett nutzte Hitler als eines von mehreren Motiven für die Bewerbung eines Textmarkers. Die Idee war so simpel wie brillant: Die Motive zeigten jeweils eine Textseite, in der einzelne Worte so markiert waren, dass sich das Porträt einer bekannten Person herauskristallisierte: Che Guevara, Charlie Chaplin, Adolf Hitler. Damit sollte zum Ausdruck gebracht werden, dass man mit den betreffenden Markern Essenz und Tendenz eines Textes auf Anhieb sichtbar machen könne.

Ein anderes Beispiel, ebenfalls aus Indien: Der Fernsehgerätehersteller Oneida wollte zeigen, wie wichtig und besonders es ist, dass eben seine Produkte kaum spiegeln und reflektieren. In der Anzeige sieht man einen Fernsehschirm, auf dem offenbar eine Dokumentation gezeigt wird, in der Hit-ler stehend in einem großen offenen Cabrio durch eine Stadt fährt. Der Gag bestand nun darin, dass über dem Kopf des Diktators ein Heiligenschein schimmerte – offenbar hervorgerufen durch eine kreisförmige Neonleuchte im Raum des Fernsehzuschauers in der Anzeige.

Natürlich hätte man die Botschaft der Anzeige – dass nämlich spiegelnde TV-Geräte so ihre Risiken haben – genauso gut mit Saddam Hussein, Gargamel von den Schlümpfen oder dem Teufel persönlich übermitteln können. Warum man sich für Hitler entschieden hat, mag dahingestellt bleiben. Doch immerhin: Oneida hat Hitler Hitler sein lassen, ihn nicht umgedeutet oder als Metapher benutzt. Und genau das macht diese Werbung akzeptabel. Die vielen Beispiele aus aller Welt, vor allem aus Südamerika und Indien, offenbaren ein gewisses Muster der Hitler-Werbungen: Grundsätzlich ist zu beobachten, dass die Freiheiten im Umgang mit Hitler proportional zur historischen und geografischen Entfernung zu Deutschland und dem Dritten Reich zunehmen. Anders gesagt: Je weiter eine Gesellschaft räumlich und zeitlich von den eigentlichen geschichtlichen Ereignissen entfernt ist, desto mehr Unfug erlaubt sie diesbezüglich bei ihren Werbekampagnen. Besonders zwei sehr eigenartige Beispiele aus Uruguay und Taiwan nähren diesen Verdacht.

So warb Netgate, ein uruguayischer Internetanbieter, zum 17. Weltinternettag im Mai 2010 mit einer stilisierten Fotografie Adolf Hitlers und einem aus *Mein Kampf* entlehnten Zitat: »Die große Masse der Menschen wird viel eher einer großen Lüge zum Opfer fallen denn einer kleinen.« Und daran anknüpfend die Frage: Was wäre gewesen, wenn *er* Internet gehabt hätte? Ja, was? Hätten dann Internetaktivisten Hitler als Schwindler und Hochstapler und Schwätzer enttarnt? Oder hätte der ach so geniale Demagoge der ganzen Welt womöglich seinen Antisemitismus aufgeschwafelt?

Noch absurder kam eine Werbekampagne aus Taiwan daher, mit der tragbare Heizkörper des deutschen Herstellers DBK beworben wurden. In den mehr als einsachtzig großen Anzeigen, die in den U-Bahnhöfen von Taipeh hingen, stand die lächelnde Karikatur eines ungefähr kniehohen Adolf-Hitler-Gnoms in sandfarbener Uniform und mit Springerstiefeln salutierend neben einem DBK-Heizkörper – das alles auf schwarz-rot-goldenem Hintergrund, garniert mit dem Slogan: »Erklären Sie der Kältefront den Krieg.«

Nun ist Hitler weder als Mensch mit sonderlich warmer Ausstrahlung in die Geschichtsbücher eingegangen noch waren seine kriegerischen Ambitionen im russischen Winter von großem Erfolg gekrönt. Woher also die Idee? Eine Dame namens Yu-Shan Shen, offenbar eine leitende Mitarbeiterin des Heizkörperimporteurs K E. and Kingstone in Taipeh, erklärte dazu in einem Interview mit der Nachrichtenagentur AP: »Wir entschieden uns, Hitler zu benutzen, weil man sofort an Deutschland denkt, wenn man ihn sieht. Er hinterlässt einen tiefen Eindruck.« Ja, das kann man wohl so sagen. Zudem glaube sie nicht, merkte die Frau weiter an, dass die Taiwanesen »in Hinblick auf Hitler besonders empfindlich« seien. Vermutlich stimmt auch das. Und vermutlich kann und sollte man das den Taiwanesen auch nicht vorwerfen, denn was weiß man in Deutschland schon über die Kriege und Massaker in Asien? Selbst wenn es aus deutscher Perspektive total irre erscheint, auf diese Weise für Heizkörper zu werben: Betroffenheit ist eben stark vom kulturellen und landesgeschichtlichen Kontext abhängig.

Natürlich ist nicht nur Adolf Hitler zur Ikone der Werbung geworden, zum globalen Götzen des Kapitalismus. Der Dalai Lama, Mahatma Ghandi, Che Guevara, Mutter Teresa und hier und da Osama Bin Laden gehören ebenfalls dazu. Mit den Menschen, die sie waren, und ihren historischen Rollen haben sie allerdings fast nichts mehr gemein. Sie wurden reduziert auf Abziehbilder ihrer selbst, sind zu Insignien unterschiedlicher Geisteshaltungen geworden. Wie die Götter der griechischen Mythologie stehen sie für unterschiedliche Aspekte des menschlichen Lebens und Denkens: Ghandi und der Dalai Lama sind für den inneren Frieden zuständig, Che Guevara gibt den jungen Rebellen, Mutter Teresa verkörpert Demut, Güte und Hilfe – und Hitler dient eben als Sinnbild für den Tod und das Böse schlechthin.

In einer Gesellschaft, in der Aufmerksamkeit und Lautstärke angesichts medialer Überflutung zu Werten an sich geworden sind, haben sich solch pauschale Standardisierungen und Personifizierungen als brauchbares Instrument der Werbung erwiesen. Hitler mutierte so zum beliebten Kronzeugen. Wie kaum ein anderer ist er länderübergreifend bekannt und wird mit allem Schlechten dieser Welt identifiziert. Zudem hat man mit ihm nach wie vor den Empörungs- und Aufmerksamkeitsfaktor auf seiner Seite, weil unter Umständen eine umstrittene Abbildung oder ein gewagter Verweis ausreichen, die große moralische Aufregungsmaschinerie anzuwerfen – und das kann letztlich nur im Sinne der Werbung sein.

Das stößt keineswegs auf allgemeine Zustimmung, und noch immer wird der gewiss nicht unberechtigte Vorwurf erhoben, mit Hitler zu werben sei eine Respektlosigkeit gegenüber Millionen von Opfern sowie den Überlebenden seiner Verbrechen. Andererseits ist 60 Jahre nach dem Ende des Dritten Reiches die schiere Menge an Hitler, auch als PR-Figur, zu groß geworden, als dass sich diese Entwicklung noch stoppen ließe. Die Instrumentalisierung ist längst Gewohnheit und Faktum. Und verhindert zumeist, dass Einzelfälle überhaupt noch als Überschreitung von Anstand und Moral gewertet werden.

Und schon gar nicht in der Werbebranche. Dort geht es eben nicht um ethische Fragen, sondern um Aufmerksamkeit und optimale Öffentlichkeit. Und was das angeht, kann Hitler mit einem weiteren Vorteil punkten. Als Werbeträger kostet er keinen Cent – und wehren kann sich Hitler auch nicht mehr.

IV. Hihi ... Hitler:
Darf man über Hitler lachen?

Steht ein englischer Stand-up-Comedian auf einer Bühne und sagt: »Ich bin mir ziemlich sicher, dass in England niemals ein Holocaust stattfinden wird. Wir haben dafür einfach nicht das Schienennetz.« Zögerliches Lachen im Publikum. »Am Ende stünden nur ein paar Juden an der Waterloo Station ...« Der Comedian schaut genervt zum Himmel, dann auf seine Uhr. Eben wie jemand, der zunehmend ungeduldig auf einen Zug wartet.

Ein kurzer Ausschnitt aus dem Programm des englischen Komikers Josh Howie – und, ja, starker Tobak. Selbst dann, wenn man Howie zugute hält, dass er als Engländer und Jude vermutlich nicht nur zum Holocaust ein anderes Verhältnis hat als ein durchschnittlicher Deutscher, sondern ebenso zu schwarzem Humor und makabrer Satire.

Dennoch stellt sich die Frage: Ist das wirklich witzig? Und wenn ja, warum? Witze zu erklären ist im Grunde blöd und langweilig, in diesem Fall jedoch notwendig: Howies Pointen sind nämlich eigentlich gar keine Witze über den Holocaust oder das Judentum, zielen vielmehr ab auf die Engländer, England und die englische Selbstwahrnehmung hinsichtlich des Holocaust.

Howie macht sich in seiner Satire darüber lustig, dass man in England zu der Annahme neigt, der Holocaust sei dort aus moralisch-gesellschaftlichen Gründen gar nicht möglich gewesen und nicht bloß wegen eines hoffnungslos maroden Schienennetzes. Und dass Howie seine Juden an der Waterloo Station zudem als Klischee des hochnäsigen und gleichzeitig geduldigen Engländers skizziert, rundet die Pointe perfekt ab, weil er im Grunde alle Erwartungen seines Publikums konterkariert. Er macht weder einen Witz über den Holocaust noch über Juden. Die anfängliche Anspannung des Publikums entlädt sich in Gelächter.

Trotzdem: Kann ein solches Spannungsfeld zwischen Erwartungshaltung und Auflösung überhaupt witzig sein? Ist dieses Gelächter nicht einfach bloß ein Ausdruck von Verunsicherung angesichts einer vermeintlichen Tabuüberschreitung? Auch, aber eben nicht nur, denn die Diskrepanz zwischen Annahmen und tatsächlicher Aussage fungiert immer als Auslöser für Humor – hier die Vorstellung, dort die Darstellung. Arthur Schopenhauer schrieb in *Die Welt als Wille und Vorstellung*: »Das Lachen entsteht jedes Mal aus nichts anderem als aus der plötzlich wahrgenommenen Inkongruenz zwischen einem Begriff und den realen Objekten, die durch ihn, in irgendeiner Beziehung, gedacht worden waren, und es ist selbst eben nur der Ausdruck dieser Inkongruenz.«

Da es zu Hitler und zum Holocaust gleich eine ganze Armada von Ängsten und Tabus, von allgemeingültigen Bewertungsmaßstäben und vorgeblich festgeschriebenen Begriffen gibt, bietet sich diese Thematik für Witze quasi an wie kaum eine zweite. Womit die Frage, ob über Hitler,

Nazis und Holocaust gelacht werden darf, schon geklärt wäre. Eigentlich. Denn obwohl all diese Begriffe synonym oder in einem Aufwasch genannt werden, empfiehlt sich eine Differenzierung. Darf man über Hitler lachen? Darf man über die Nazis lachen? Darf man über den Holocaust und das Dritte Reich lachen?

Um es kurz zu machen: Ja, Ja, Nein, bedingt.

Was Hitler und die Nazis angeht, könnte man auch ganz einfach die Gegenfrage stellen: Warum denn nicht? Was genau soll, inhaltlich, das Problem sein – jenseits der Angst vor dem Skandal? Dennoch wurde die Frage oft gestellt – und der Tenor der Antworten reicht vom nachdenklichen »Ja« eines Dani Levy bis zum energischen »Man muss« eines Walter Moers, während andere das Lachen als notwendiges Ventil betrachten. All diese Antworten sind einleuchtend, selbst wenn man nicht jeden Scherz komisch findet. Und doch bleibt bei jedem Hitler-Witz ein berechtigtes Unbehagen, das ganz ursächlich mit den Opfern des Holocaust zu tun hat.

Der deutsch-türkische Komiker Serdar Somuncu, bekannt unter anderem durch eine satirische Lesereise mit Hitlers *Mein Kampf*, hat in einem Interview exakt zu diesem Thema Stellung genommen: »Wenn Sie in der Straßenbahn stecken und laut ›Hitler‹ rufen, werden das die Leute um sie herum unangenehm finden. Und deshalb ist auch eine satirische Auseinandersetzung mit Hitler sehr heikel. Man hat es beim Film *Das Leben ist schön* gesehen, der auch dieses Tabu berührt hat. Die Zuschauer verwechseln das Lachen über Hitler mit dem Lachen über die Opfer.«

Obwohl es also durchaus nicht abwegig ist, die Nazis,

ihren wichtigtuerischen Führer und das Gehabe ganz Nazideutschlands der Lächerlichkeit preiszugeben, ist Vorsicht geboten, um das Andenken und die Gefühle der Opfer nicht zu verletzen. Hinzu kommt, dass es insbesondere in Deutschland einen eigenartigen, stillschweigenden Konsens zu geben scheint, dass man sich über das Dritte Reich und die Nazis nicht lustig machen darf. Wenn man nämlich über Nazis und Neonazis lacht, so die Begründung, nimmt man sie nicht ernst, und wenn man sie nicht ernst nimmt, sind sie – zack – wieder an der Macht, und das ganze Unglück geht von Neuem los. Bleibt diese düstere Prophezeiung aus, kommt stattdessen bestimmt der Vorwurf, jeder Witz über Hitler sei zugleich einer über die Opfer und damit eine Verunglimpfung. Aber stimmt das?

Eben nicht. Ein Witz über Hitler ist vor allen Dingen ein Witz über Hitler. Alles andere ist Unfug. Zudem kann es nicht die Aufgabe von Satire sein, vorgeblich allgemeingültige Normen von Geschmack und Schicklichkeit einfach abzunicken. Im Gegenteil. Kritische Satire will und soll diese ja gerade infrage stellen oder hinterfragen und hat es seit jeher als ihre Aufgabe verstanden, Grenzen zu überschreiten oder niederzureißen – schon allein um zu zeigen, wie willkürlich die Apologeten der Doppelmoral oft sind.

Soweit zu Hitler. Wie aber verhält es sich mit Krieg und Holocaust? Warum gibt es, obwohl diese nach landläufiger Meinung doch kein Gegenstand für Lachen sein sollten, eine beachtliche Zahl von Witzen zu diesem hochsensiblen Thema – trotz aller schmerzhaften Erinnerungen und aller Berührungsängste? Die Antwort ist bei genauer Betrachtung überraschend simpel: Weil diese Witze ein

Ventil für die erlebte und erlittene Anspannung und Bedrohung darstellen. Vor allem aber, weil sie sich nicht über den Holocaust oder gar seine Opfer lustig machen, sondern fast ausschließlich den sakrosankten Umgang mit diesem Thema parodieren oder verspotten. Weil sie dazu beitragen, das Geschehen in Alltag und Bewusstsein zurückzuholen.

Ein Beispiel: Sagt der Großvater zu seinem Enkel: »In deinem Alter war ich in Paris! Wir waren jeden Abend im Bordell und haben gesoffen und rumgehurt, sind gegangen, ohne zu zahlen, und anschließend haben wir an den Eiffelturm gepinkelt!« Der Enkel bucht seine Reise und tut, wie es der Großvater getan hat. Nach der Reise fragt der Großvater: »Also, wie war's in Paris?« Antwortet der Enkel: »Erst war ich im Bordell, dort habe ich gesoffen und rumgehurt und bin gegangen, ohne zu zahlen, und später habe ich an den Eiffelturm gepinkelt.« – »Sehr gut«, sagt der Großvater. »Na ja«, meint der Enkel, »ich bin vom Türsteher verprügelt worden, musste Strafe zahlen und habe die Nacht im Gefängnis verbracht.« Fragt der Großvater: »Mit wem warst du denn in Paris?« – »Mit der TUI«, antwortet der Junge. »Schau«, sagt der Opa, »das war der Fehler – ich war dort mit der SS.«

Sicher kein brillanter Witz, aber interessant. Denn die Pointe hat, bei genauerer Betrachtung, ja nicht die deutsche Besetzung Frankreichs während des Zweiten Weltkriegs zum Gegenstand, sondern nimmt die Uneinsichtigkeit und das fehlende Schuldbewusstsein des Großvaters aufs Korn, der noch immer nicht verstanden zu haben scheint, dass diese Zeiten gottlob längst vorbei sind und absolut nicht für irgendwelche Glorifizierungen taugen.

Das Lachen ist, wenn man an diesem mauen Witz überhaupt etwas komisch findet, das Lachen der Geläuter-
ten – ein Lachen der Katharsis.

Allerdings kursierten bereits während des Dritten Reiches ähnliche Witze – bei Parteigenossen ebenso wie bei
Verfolgten und nicht zuletzt unter den Juden. Rudolph
Herzog hat in seinem Buch: *Heil Hitler, das Schwein ist tot,*
Humor hinter vorgehaltener Hand und Flüsterwitze unter
dem Hakenkreuz ausführlich beschrieben. Anders als Hitler überlebten die Pointen das Kriegsende und blieben der
Nachwelt erhalten.1949, im Geburtsjahr der Bundesrepublik, kam in Westberlin sogar eine musikalische Groteske
mit einem ebenfalls grotesken Titel auf die Bühne: *Ich war
Hitlers Schnurrbart.* Sie stammte aus der Feder des Kaba-
rettisten Günter Neumann, der später als Komponist von
Filmmusik einer breiten Öffentlichkeit bekannt wurde,
darunter zu *Das Wirtshaus im Spessart.*

Die Handlung von *Ich war Hitlers Schnurrbart* ist
schnell umrissen: Eine Filmgesellschaft sucht ein Hitler-

Double und findet einen Post-
beamten namens Notnagel.
Diesen stattet sie mit Hitler-
Scheitel und Hitler-Bart aus.
Doch dem Double steigt sein
geborgter Ruhm zu Kopfe,
Freunde sagen sich von ihm
los – der Abstieg beginnt. Im
Nachhinein scheint es ver-
blüffend, dass viereinhalb
Jahre nach Ende des Zweiten
Weltkriegs bereits eine doch

recht heitere Hitler-Satire aufgeführt werden konnte. Der flapsige Ton der Ankündigung scheint Programm: »Wenn jetzt jeder seine Hitler-Memoiren schreibt, kann der kurzfristige Schnurrbart nicht ungestört auf der ›Bank der Spötter‹ liegen. Günter Neumann hat ihn aufgegriffen. Und schön gebürstet und frisiert erscheint er hier nun wieder. Auch 'ne Erbschaft.«

Die Reaktionen auf die satirische Revue, deren Handlung entfernt an Chaplins *Großen Diktator* erinnert, fielen ganz anders aus, als man hätte denken können: kein Skandal, bloß Kritik am Aufbau und an der Qualität der Witze. So kommentierte etwa der *Spiegel* im Dezember 1949: »Beim ersten Schritt auf eine Berliner Bühne wurde Adolf Hitler laut und lange ausgelacht. Im Berliner ›Kabarett der Komiker‹ trägt der ›Führer‹ Unterhosen und Sockenhalter, während er am Pappfenster der Reichskanzlei den historischen Fackelzug abnimmt.«

Als das Stück auf die Bühne kam und der *Spiegel* diese Zeilen schrieb, war das »Tausendjährige Reich« gerade einmal seit viereinhalb Jahre Geschichte. Die Trümmer lagen nach wie vor in Deutschlands Straßen, die meisten Kriegsverbrecher befanden sich noch auf freiem Fuße und viele Weltkriegssoldaten in Gefangenschaft – der Heiterkeit des Publikums tat dies keinen Abbruch.

Es war die späte Rache der im Dritten Reich zum Schweigen gebrachten. Politische Satire war 1933 verboten worden, vertrug sich nicht mit dem hehren Pathos der Nationalsozialisten und galt als zersetzend und defätistisch. Wer sich nicht daran hielt, fand sich im KZ wieder – wie etwa der Kabarettist Werner Finck. Als Gegenleistung für seine Entlassung musste er den Verzicht auf jede zeitkritische Anspielung geloben. Und so bestand bei Kriegsende Nachholbedarf. Befreit knüpfte man an die Tradition der Weimarer Jahre an, als in den Berliner Kabaretts und in kursierenden Glossen der damals aufstrebende Hitler gerne und oft zum Gespött gemacht worden war.

»Sonderlich witzig ging es dabei, insbesondere wenn politische Themen verhandelt wurden, vorerst aber nicht unbedingt zu. Vielmehr nutzten alte und neue Antifaschisten die Gelegenheit, dem toten Leviathan endlich straffrei ins Gesicht schlagen zu dürfen und mit reichlich ›Nie-wieder!‹-Pathos neue, bessere Zeiten zu beschwören«, heißt es bei Klaus Cäsar Zehrer in einer sehr lesenswerten und hellsichtigen Analyse des Wandels der Satire im Nachkriegsdeutschland.

In den frühen Fünfzigern allerdings war die kurze Episode des satirischen Antifaschismus vorüber, denn zumindest in Westdeutschland richtete man den Blick nach vorne, genoss den Segen des Wirtschaftswunders und wollte die Vergangenheit endlich Vergangenheit sein lassen. Fortan wurde die Nazizeit weitgehend tabuisiert, in der Gesellschaft ebenso wie in den Medien. Während die einen nichts mehr davon wissen und hören wollten, verstummte die »Bank der Spötter« angesichts der Verbrechen des Holocaust, dessen Ausmaße erst nach und nach in allen grausamen Details bekannt wurden.

Getan war es damit bekanntermaßen nicht. Doch zumindest für einige Jahre legte sich ein betretenes Schweigen über das deutsche Volk, und damit verschwanden auch die politischen Satiren und Naziwitze. Man muss das nicht unbedingt als Anzeichen der Verdrängung sehen – politischen Witzen ist ja generell keine lange Lebensdauer beschieden, weil sie sich zumeist auf das aktuelle Machtgefüge beziehen. War es bis 1998 etwa noch en vogue, sich in aller Ausführlichkeit über Helmut Kohl lustig zu machen, und fast jede Pointe über den Dicken aus Oggersheim ein willkommener Gag, wurden all diese Witze langweilig und sinnlos mit dem Ende der Ära Kohl. Was den Reichskanzler Hitler angeht, verhielt sich das ganz ähnlich. Erst durch die Verbrechen der Deutschen, durch Weltkrieg und Völkermord bekam er eine andere »Qualität« – was die Tabus, die Verdrängung und die Notwendigkeit einer Auseinandersetzung angeht. Und das eben auch mit den Mitteln des Humors.

Wo der Faden der frühen Fünfziger wiederaufgenommen wurde, lässt sich nicht eindeutig rekonstruieren. Spätestens aber, als in den späten Sechzigern eine unruhige Jugend lautstark aufbegehrte, der Elterngeneration unangenehme Fragen stellte und von ihnen die Anerkennung einer Mitverantwortung und die Aufarbeitung von Schuld einforderte. Als man wieder bereit war, genau hinzuschauen, da brach auch im komischen Fach wieder die Zeit für Hitler an. Eine Art zweiter Frühling für Hitler, wenn man so will.

Genauer: Mit Mel Brooks' Film *The Producers* (deutscher Titel *Frühling für Hitler*) schaffte der neue Hitler-Humor 1968 seinen eigentlichen Durchbruch. Die Geschichte um zwei Produzenten, die mit einem Hitler-Musical einen Versicherungsbetrug planen, wurde quasi zur Blaupause für den Hitler-Humor der kommenden Jahre und ist es in Grundzügen bis heute geblieben. In *Frühling für Hitler* erscheinen die Nationalsozialisten nämlich nicht grausam, monströs und eindrucksvoll, sondern bloß lächerlich, spinnert und auch ein bisschen tuntig.

Brooks' Film wirkte wie ein Weckruf. Zweifellos ein Tabubruch zeigte er doch mit viel Verve und Stil, dass die Kombination Hitler und Humor durchaus witzig *und* politisch – und sogar anständig sein kann. Was Brooks, ein amerikanischer Jude mit deutschen Wurzeln, inszenierte, war natürlich nicht mehr der alte antifaschistische und – zumindest in seiner deutschen Ausprägung – bisweilen besorgt-quengelige Anti-Hitler-Witz, der sich vor allem als politisches Instrument verstand, um eine reale Gefahr zu bekämpfen.

Nichts davon bei Mel Brooks. Das Pathos, der Kitsch, das Raunen, die billige Symbolhaftigkeit, die Kraftmeierei, das Geschrei und Getue, alles ist schlicht lächerlich oder wird lächerlich gemacht. Der große Führer als Witzfigur: Da ist der Humor nicht mehr Mittel zum Zweck antifaschistischer Indoktrination, sondern die Darstellung der Nazis wird zum Mittel des Humors. Ein gewaltiger Tabubruch damals, aber ein notwendiger. Mit Mel Brooks' Filmsatire war der erste Stein aus dem düster thronenden Monolithen Hitler herausgeschlagen. Und der Resonanzboden, auf den das gestürzte Denkmal fiel, präsentierte sich in Anbetracht der gesellschaftlichen Umwälzungen durch die globale Studentenbewegung, die überkommene Werte und nationale Traditionen mit lustvoller Respektlosigkeit demontierte, mehr als vorbereitet.

Trotz dieser Voraussetzungen und trotz des Erfolgs von Mel Brooks' Satire ging es nur zögerlich weiter. Hitler ließ sich zunächst, unter Humoraspekten, eben nur peu a peu angehen, dafür aber auf Dauer. Fast alle Poin-

ten und humoristischen
Sequenzen aus dieser Zeit
sind zu Klassikern gewor-
den – wie etwa eine Pa-
rodie des amerikanischen
Satiremagazins *MAD* aus
dem Jahr 1969. Sie zeigt
einen Mann, der Adolf
Hitler nur bedingt ähnlich
sieht, in der Pose eines
klassischen Snobs. Dane-
ben steht zu lesen: »Hallo.
Ich bin Adolph [sic!] Hit-

ler. In den 30-ern und 40-ern haben wir Millionen Menschen umgelegt und unzählige Friedhöfe gefüllt. Aber das
ist nicht der Rede wert! Ich möchte über einen *wirklich*
fantastischen Friedhofsfüller sprechen.«

Damals war das als witzige Verballhornung der Ziga-
rettenwerbung jener Zeit gedacht, die – jegliche Vernunft
und alle gesundheitlichen Risiken ignorierend – ein recht
mondänes Bild des Rauchens zu zeichnen versuchte. Völlig
absurd ist jedoch, dass sich mehr als 30 Jahre später eine
Antiraucherkampagne exakt dieses Motivs bediente. So
geschehen in Südamerika (vgl. S. 77).

Stilprägend in Deutschland wurde auch der Humor des
National Lampoon, einer weiteren US-amerikanischen
Satirezeitschrift, mit ihrer Mischung aus Slapstick und
Absurdem, Politik, Spott und kalkuliertem Tabubruch –
heute noch zu erkennen etwa in der *Stern*-Rubrik »Neues
aus Kalau«. 1972 kam ein *Lampoon*-Heft heraus, auf dessen
Cover ein mürrischer Adolf Hitler zu sehen war, der auf

einem Bastsessel vor Palmen saß, eine Kette aus Steinchen und Muscheln über der mausgrauen Uniform samt Eisernem Kreuz und einem Papagei auf der Schulter.

Die Geschichte zu diesem Titelbild, eigentlich ein Fotoessay, war kein Stückchen weniger seltsam. Sie trug die Überschrift »Stranger in Paradise« und wurde wie folgt angekündigt: »Wir alle träumen von der Rückkehr ins Paradies, von einer Flucht aus der täglichen Hektik. Nur wenige von uns haben das Glück, dieses Paradies auf Erden zu finden. Hier ist ein Mann, der es geschafft hat.« In großen bunten Bildern wird da ein Adolf Hitler auf einer, wie es heißt, einsamen Tropeninsel gezeigt, der des Morgens im Meer badet, während ein prototypischer Ureinwohner in Lendenschurz und mit Federn im Haar seine braune Uniform samt Hakenkreuzarmbinde hält. Ein Hitler, der nackt am Strand liegt, sein bescheidenes Grundstück um seine Strohhütte herum säubert, auf Schlangenjagd geht, seine Uniform stopft, die Früchte der Natur kostet und sich naturalistischer Malerei zugewandt hat – auch wenn auf seinem Gemälde die Silhouetten von Jagdflugzeugen über ebendieser Tropeninsel zu sehen sind.

Eine ebenso komische wie wirre Mischung verschiedener Mythen: Das rassistische Klischee vom ahnungslosen

Wilden fernab jeder Zivilisation findet da ebenso Platz wie die Legende, Hitler habe den Krieg unbemerkt überlebt und sich ins Exotische absetzen können. Nur dass der *National Lampoon* all diese Mythen und Klischees ins Absurde zieht und Hitler mit einem U-Boot auf einer einsamen Insel landen lässt, wo er in guter Robinson-Crusoe-Tradition einen eingeborenen Gefährten auf den Namen Freitag tauft und auf dem entlegenen Eiland seinen Frieden findet.

Ganz abwegig war das Szenarium damals natürlich nicht, denn 1972 hielt sich nach wie vor die Legende, Hitler könnte entkommen und sein Tod inszeniert worden sein. Schließlich wurden in diesen Jahren immer wieder Altnazis in ihren Verstecken vor allem in Südamerika aufgestöbert, wo sie lange unentdeckt lebten. Beispielsweise Adolf Eichmann, jener Bürokrat ohne Anstand und Moral, der den Holocaust logistisch organisierte und in Argentinien bis zu seiner Entführung durch israelische Agenten unter falschem Namen ein beschauliches Leben führte. Was ja in sehr groben Zügen in der *National-Lampoon*-Story vom Biedermann Hitler aufgegriffen und karikiert wurde – und selbstverständlich ein Tabubruch erster Güte war.

Henry Beard, einer der Gründer des Magazins, sagte über seine Zeit beim *National Lampoon* später: »Da war diese große Tür, auf der ›Du sollst nicht‹ stand. Wir tippten sie an   und sie fiel aus den Angeln.« Die alten Verdikte waren längst morsch und brüchig geworden, und die Welt wartete auf eine junge Satirikergeneration, die – deutlich weniger von den Gräueln und Schrecken des Holocaust und des Dritten Reiches verschreckt als ihre

Vorgänger – mit Verve bisher gültige Sprachregelungen über den Haufen warf.

Interessant an der Fotostory des *National Lampoon* ist neben Inhalt und Kontext auch der Hitler-Darsteller, den man verpflichtete. Denn Billy Frick, ein aus der französischen Schweiz stammender Schauspieler, verpasste sich in diesen Jahren mit großer Regelmäßigkeit Bürstenbart und strengen Scheitel und legte Hakenkreuzarmbinde und Naziuniform an. 1973 war er sogar Mittelpunkt eines Spektakels der speziellen Art, als sich das Pariser Herrenmagazin *Lui* einen besonders albernen Scherz erlaubte und zwei der beliebtesten Tabus jener Zeit kurzerhand miteinander kombinierte: nackte Mädchen und Hitler.

Die Bilder, die inzwischen ohne jede Quellenangabe und ohne Kontext an vielerlei Stellen des Internets auftauchen, zeigen Frick als »Führer« beim Blinde-Kuh-Spiel mit nackten Damen auf einer grünen Wiese oder am Fuße des Eiffelturms, im Hintergrund die entblößten Hinterteile junger Models. Das war so gewagt, dass es sogar dem

Spiegel, der nichtsdestotrotz drei der Bilder zeigte, eine Meldung wert war, deren Text sich im Tenor den anzüglichen bis albernen Bildern anpasste: »Auf der weltweiten Hitler-Welle reitend, trieb das Pariser Herrenmagazin *Lui* Vergangenheitsbewältigung auf französisch«, schrieben die Redakteure. »In schlüpfrigen Bildern stellte es den ›Größten Feldherrn aller Zeiten‹ bloß. Dafür ließen Mannequins einer französischen Model-Agentur die Hüllen fallen, zogen deutsche Dressmen Wehrmachtsuniformen an« (36/1973).

Die Leichtigkeit, mit der der *Spiegel* den Ritt »auf der weltweiten Hitler-Welle« beschreibt und gleichsam selbst vollzieht, ist verblüffend – vor allem wenn man sich vor Augen hält, wie grundsätzlich, moralisch und verkniffen man sich 30 Jahre später über die Frage, ob man über Hitler lachen dürfe, ereiferte. Das soll nicht bedeuten, dass der Stand der Diskussion in den Siebzigern fortschrittlicher gewesen wäre, gar nicht. Im Gegenteil: Die moralischen Aspekte eines komischen Hitler, scheint es, waren einfach weniger bedeutend. Zumal diejenigen, die sich über Hitler und die Nazis belustigten, sich ihrer Sache und ihrer Moral sehr sicher schienen – wer über Hitler lachte, wer den großen Führer der Lächerlichkeit preisgab, der fühlte sich offenbar per se auf der richtigen Seite der Geschichte.

Was in den USA der *National Lampoon* und in Frankreich *Lui*, das war das Magazin *Pardon* für Deutschland: ein Hort der Respektlosigkeit, der Kritik und der freudvollen Provokation. 1973 – im gleichen Jahr wie der *National Lampoon* – engagierten die Frankfurter Satiriker ebenjenen

Billy Frick als Hitler und ließen ihn über die Frankfurter Buchmesse spazieren.

Es war wiederum der *Spiegel*, der seine klammheimliche Freude über diesen Gag kaum verbergen konnte. Amüsiert notierte das Hamburger Nachrichtenmagazin: »Billy Frick, 62, US-Entertainer und ›bester Hitler-Darsteller der Welt‹ (Frick über Frick), wurde während eines Auftritts in Führer-Montur auf der mit Hitler-Büchern reichlich bestückten Frankfurter Buchmesse attackiert. Als er vergangenen Donnerstag – für 1000 Mark Gage – mit den Redakteuren des Frankfurter Satire-Magazins *Pardon* vor dem Messegelände vorfuhr, ›um die laufende Hitler-Nostalgie zu persiflieren und die Publikumsreaktionen zu testen‹ (so der geschäftsführende *Pardon*-Redakteur Hagen Rudolph), wurde er aus dem offenen Cabriolet heraus von drei Funkstreifen-Beamten festgenommen und zur Vernehmung ins Polizeipräsidium gebracht.«

Zwei Stunden später war Hitler, pardon: Frick, wieder auf freiem Fuße und schlenderte, gefolgt von *Pardon*-Redakteuren in SS-Uniformen und Gestapomänteln sowie begleitet von zwei Sicherheitskräften über die Messe, um den »Ständen mehrerer Verlage mit Hitler-Exponaten« (*Spiegel*) einen Besuch abzustatten. Schließlich erbarmte sich der Vertreter eines Kulturmagazins, die Provokation als solche auch ernst zu nehmen und attackierte Frick – mit Senf. Zitat Frick: »Ich hatte mit mehr Protest gerechnet, die meisten Leute haben gelacht und applaudiert.«

Eine verblüffende Anekdote: Da spaziert ein als Hitler verkleideter Schweizer über die Frankfurter Buchmesse und heimst kaum mehr ein als Gelächter und zustimmenden Applaus. 1973, gerade einmal drei Jahre nach Willy Brandts Kniefall zu Warschau. Und in genau jenem Jahr, in dem Joachim Fests Hitler-Biografie erschien, jenes Opus magnus, das auf über 1200 Seiten den Werdegang, die Gedankenwelt und die Geschichte Hitlers beleuchtet, den Holocaust aber auf sehr wenigen Seiten abhandelt. Gleichzeitig würde es noch fünf Jahre bis zur Affäre Filbinger dauern, denn während in Frankfurt Billy Frick als Hitler über die Messe stolzierte, freute sich in Stuttgart der ehemalige NS-Marinerichter Hans Filbinger noch ungestört seines Daseins als Ministerpräsident. Eine Art Zwischenstadium also: zwischen einer noch von Altnazis durchsetzten und teilweise obrigkeitshörigen Gesellschaft einerseits und einer respektlosen Folgegeneration, der nichts heilig und keine Provokation zu gewagt war.

Aber warum applaudierte das Publikum damals? Weil es die Schnauze voll hatte von dem faszinierten Geraune und der düsteren Bewunderung für Hitler? Weil es die ausschließliche Fokussierung auf Hitler, wie es ja auch Fest tat, falsch und verlogen fand? Weil es am liebsten die Erinnerung an Hitler, den Holocaust, den Zweiten Weltkrieg und das Dritte Reich löschen wollte und den Auftritt Fricks als unausgesprochenes »Schluss jetzt – es reicht!« verstand? Vermutlich waren es vor allem nur die Jungen, die Angehörigen der nachgeborenen Generation, die ihren Spaß an dem Hitler-Unsinn hatten, während die Älteren es vorzogen, indigniert oder auch betreten zu schweigen.

Einen wie immer gearteten Schlussstrich gab es jedenfalls nicht, im Gegenteil. Hitlers Auftritte mehrten sich von da an, und zwar in allen Schattierungen des Entertainments, von Nazipornos bis zu Hitler-Science-Fiction-Filmen. Und mit den Genres entwickelten sich stets auch neue Parodien und Witze.

Eine sehr lustige und absurde Persiflage auf Hitler-Science-Fiction beispielsweise entstand nur wenige Jahre nach Billy Fricks denkwürdigen Auftritten. Der US-Sender NBC strahlte im Januar 1979 im Rahmen der legendären Comedyshow *Saturday Night Live*, die nicht ganz von ungefähr ihre Ursprünge im *National-Lampoon*-Umfeld hatte, einen Sketch mit Dan Aykroyd und Michael Palin aus. Darin beschäftigte sich die imaginäre Wissenschaftssendung »What If?« mit der Frage, was hätte passieren können, wenn Superman bei seiner Landung auf der Erde nicht in Kansas, sondern im Preußen der Dreißigerjahre gelandet wäre. Ja, was wohl? »Überman« wird zum Nazisuperhelden, der im *Saturday-Night-Live*-Sketch eine Zeitbombe entschärft, so das Leben Adolf Hitlers rettet, einen Juden enttarnt und auf seinem Flug zur Ostfront gleich in ein Lager bringt. Andere Großtaten werden von eingeblendeten Zeitungsausschnitten vermeldet: »Überman erobert Stalingrad in 5 Minuten«, »Überman verhaftet 2 Million Juden« und »Überman tötet jeden einzelnen Menschen in England – als Nächstes sind die USA dran.«

Zunächst blieb dieser unbeschwerte, schmissige Hitler-Humor den USA und England vorbehalten.Trotz der vom *Spiegel* postulierten »weltweiten Hitler-Welle« und des virulenten Hitler-Humors in den Staaten dauerte es noch eine Weile, ehe ein deutsches Satiremagazin es dem *National Lampoon* gleichtat und Hitler aufs Cover hievte.

Erst im März 1981 traute sich *Titanic*. Es war ein, zumindest für dieses Magazin, fast zaghafter Tabubruch. Konkret handelte es sich um eine Zeichnung, auf der ein armeegrünes Motorrad samt Beiwagen zu sehen war, auf dem mehrere Menschen balancierten: eine barbusige Frau mit Hakenkreuzwimpeln, die Karikatur eines orthodoxen Juden samt Zaubererhut mit SS-Emblem sowie ein entfernt an Adolf Hitler erinnerndes Männchen mit Hakenkreuzbinde und in KZ-Kleidung – ein Zirkusensemble der Naziklischees. Einerseits war das eine überraschend genaue, kritische Bestandsaufnahme der durch die Köpfe und Medien geisternden Bilder – andererseits war die Aufmachung ungewöhnlich zurückhaltend. Gewöhnlich nämlich legte man bei *Titanic*, wie sich in den Folgejahren noch deutlicher herauskristallisierte, die Finger erheblich unerbittlicher in die klaffenden Wunden der deutschen Erinnerungskultur.

Überhaupt: Man kann dem Frankfurter Satiremagazin gar nicht genug für seine respektlose und unerschrockene Rolle bei der Entkrampfung des Verhältnisses der Deutschen zu ihrem toten Führer danken. Keine andere Künstlergruppierung, und als solche darf man die Neue Frankfurter Schule durchaus sehen, hat sich derart stilsicher, mit derartiger Chuzpe und mit einer derart überzeugenden Mission für die geistige Entnazifizierung Deutschlands eingesetzt.

In dem Sammelband *Titanic – das Erstbeste aus 30 Jahren* erinnert sich die Redaktion: »Hitler kommt wieder stark ins Gerede. Der *Stern* veröffentlicht seine Tagebücher, *Titanic* sein Poesiealbum. Riesenlacher für beide! Aber alle Versuche, sich der Ästhetik des Faschismus oben ohne zu nähern, gehen – von Fassbinder bis Zadek – tittenfrei daneben.« Anders gesagt: Das Heft war lange Jahre voll mit sehr guten, gemeinen und geschmacklosen Hitler-Witzen. Was tatsächlich notwendig war, und zwar weil

mit der von Helmut Kohl, der CDU/CSU und der FDP proklamierten geistig-moralischen Wende eine Art Konterrevolution in Sachen Aufarbeitung drohte.

Um diese Wende zu verstehen, ist ein kurzer Ausflug in die Bundesrepublik der Achtzigerjahre vonnöten: Hatte Kohl in einer Rede vor der israelischen Knesset noch von der »Gnade der späten Geburt« gesprochen, die er zwar als Befreiung von jeglicher kollektiven Verantwortung und Schuld verstanden wissen wollte, aber gleichzeitig auch als ein unverdientes Geschenk, das es mit Demut anzunehmen galt, so wurde im Laufe der späteren Jahre deutlich, wes Geistes Kind der Kanzler wirklich war. Denn 1985 trauerte Kohl bei einer gemeinsamen Gedenkfeier mit Ronald Reagan in Bitburg nicht nur um gefallene US-Soldaten, sondern ebenfalls um die dort bestatteten Wehrmachtsangehörigen, unter denen sich auch Männer der Waffen-SS befanden. Der Historiker Heinrich August Winkler nannte dies später den »Kontrapunkt zur weltweit beachteten und unvergessenen Demutsgeste« Willy Brandts, der Philosoph Jürgen Habermas sprach sehr treffend von einer »Entsorgung der Vergangenheit«.

Reagans und Kohls gemeinsamer Auftritt führte sogar dazu, dass sich die US-Punkband Ramones mit einer bitterbösen Satire in Songform zu Wort meldete. *Bonzo goes to Bitburg* ist eine hübsch respektlose Slapsticksatire auf Ronald Reagan, der in den Fünfzigern an der Seite eines Schimpansen namens Bonzo die Hauptrolle in einer Hollywoodkomödie gespielt hatte. Während die Ramones der Meinung waren, Reagan hätte sich wieder lächerlich und zum Affen gemacht, zeigte sich der amerikanische Präsident unberührt von allen Kritiken.

Für die *Titanic* aber war der Fortgang der deutschen Debatte natürlich entscheidend. Schon ein Jahr nach Bitburg brach der Historikerstreit los, für den neben dem bereits erwähnten Ernst Nolte maßgeblich Kohls Intimus und Berater, der Historiker Michael Stürmer, verantwortlich war. Im Zentrum der Kontroverse stand die Behauptung, der Holocaust könnte eine bloße Reaktion gewesen sein – eine mehr oder minder notwendige Antwort auf die sowjetischen Gulags und die Grauen des Stalinismus. Ein Aufschrei der Empörung ging durch die Medien und spaltete die Historiker. Viele betrachteten den Vorstoß als politisch motiviert und von renommierten Historikern geadelt, um die Verbrechen der Deutschen durch diese Relativierung kleinzureden. Und um endlich, endlich den von Konservativen herbeigesehnten Schlussstrich unter das Kapitel »Holocaust« ziehen zu können.

Wieder war es Jürgen Habermas, der entschieden die Gegenrede führte. In der *Zeit* antwortete er, durch die Gleichsetzung von Gulag und KZ verlören die Naziverbrechen ihre »Singularität dadurch, dass sie als Antwort auf die bolschewistischen Vernichtungsdrohungen verständlich gemacht werden«. Folge man der Argumentation, schrumpfe Auschwitz auf das Format einer technischen Innovation, für die letztlich Stalin und die Sowjets

statt Hitler und den Deutschen die Verantwortung zu tragen hätten. Die Debatte, die in den Feuilletons und zwischen Wissenschaftlern begonnen hatte, zog bald weite Kreise – und selbstredend stand *Titanic* nicht abseits Kongenialer Höhepunkt der Auseinandersetzung um diese vorsätzliche Entnazifizierung der Deutschen war schließlich das von Hans Zippert erdachte Titelbild aus dem Jahr 2002: »Schrecklicher Verdacht – war Hitler Antisemit?«, dazu das kolorierte Bild eines irr lachenden Adolf Hitler. Denn genau das war der Punkt: Im Gefolge des Historikerstreits hatte sich eine unheilige Allianz aus konservativen Geschichtswissenschaftlern und nach hohen Auflagen schielenden Journalisten gebildet, die so lange die Frage der deutschen Schuld wiedergekäut, so lange aus jeder Banalität einen Skandal gemacht und so lange jeden Nazi, allen voran Albert Speer, auf Werdegang und frühkindliche Prägung abgeklopft hatten, bis schließlich jedermann Opfer und keiner mehr Täter war. Tatsächlich stand beinahe die Entnazifizierung Hitlers selbst zu befürchten, wie Jahre später der Kolumnist Harald Martenstein sarkastisch formulierte: Da Hitler nachweislich einem Juden das Leben gerettet habe, könne er ja gar kein Antisemit gewesen sein!

Auch das Erscheinen von Eichingers Untergangsepos (2004) begleitete *Titanic* in bewährter Manier: »Tabubruch bizarr: Nach Bernd Eichingers rührender Filmburleske *Der Untergang* darf Hitler bald als Mensch wie du und Roland Koch auch durch die anderen Medien marschieren. Das Enfant terrible der deutschen Geschichte wird endgültig zu Volkes Darling!« An anderer Stelle wird über Hitlers Werbeverträge fantasiert, über eine mögliche Kolumne in *Neon* (»1000 Zeilen Rassenhass«), ein Rededuell mit Guido Westerwelle (»Freut mich, Herr Westwall«) und einen Gastauftritt in der Lindenstraße. Je abwegiger die gesellschaftliche Debatte, desto hämischer der Kommentar der *Titanic*.

Eine besondere Erwähnung verdient die Serie *Der Führer*

privat des Zeichners Achim Greser, die ab 1995 in der *Titanic* gedruckt wurde. Ein Format, das sich nicht nur dem damaligen geistigen Mainstream entgegenstemmte, sondern diesen ebenso aufs Korn nahm wie seine medialen Manifestationen – in privaten Details wühlende Dokumentationen à la Guido Knopp, die die grassierenden Alltagsmythen über Hitler nur noch befeuerten. Eine der schönsten Folgen zeigt Adolf Hitler in seinem Mercedes-Cabrio auf einer leeren Autobahn. Am Rande der Straße steht eine kleine Gruppe Menschen, die durch Nickelbrillen, Wollpullover und ein Transparent als »Ökologen in der NSDAP« ausgewiesen wird. Eine Sprechblase erklärt ihre borniert eingeschränkte Sichtweise: »Ich finde ihn total okay, aber das mit den Autobahnen muss nicht sein.«

Natürlich ging es Greser nicht bloß um Hitler, Politik und Geschichte, sondern vor allem um das Verhältnis der Deutschen zu Hitler. Richtete sich das Interesse zunächst auf den dämonenhaften Reichskanzler und Diktator, so verlagerte es sich zunehmend auf den Hitler-Mythos, der auf diese Weise selbst zum geheimnisvollen Dämon wurde, dem man sich in Presse und TV mit besonderer Lust zuwandte. Das alles nun, die Geheimnisse, die Spekula-

DER FÜHRER PRIVAT

›Ich finde ihn total okay, aber das mit
den Autobahnen muß echt nicht sein!‹

tionen fegte Greser mit einem Handstrich elegant vom Tisch. Übrig blieb ein Hitler bar jedes Mythos – der Prototyp des deutschen Kleinbürgers: unsicher, schlicht, latent aggressiv und kein bisschen weltmännisch. Was einerseits komisch und absurd ist, weil es die Erwartung des Betrachters konterkariert, und andererseits der Realität entspricht. Hitler ist nicht das grauenvolle andere, sondern ein Spiegelbild Deutschlands.

Auch Walter Moers, der sich ebenfalls an Hitler humoristisch abarbeitete, begann bei *Titanic*: Als er 1997 dort das erste Mal »Adolf, die Nazi-Sau« auftreten ließ, konnte allerdings keiner ahnen, dass er mit dieser Geschichte

mehrere Bände füllen und sogar einen kleinen Hit landen sollte.

Man muss sich die wunderbar absurde Handlung der frühen »Adolf-die-Nazi-Sau«-Folgen noch einmal vor Augen führen: Walter Moers sitzt eines Abends bei einer Flasche Chantré mit dem Musiker Prince zusammen, der damals als »The Symbol« firmierte und angesichts der bereits vertilgten Menge Weinbrand gerade auf der Toilette verschwunden ist, als es an der Tür klingelt. Was dann folgt, gehört vielleicht zu einer der brillantesten Szenen der deutschen Nachkriegsliteratur. Moers öffnet die Tür, draußen steht Adolf Hitler, reckt den Arm, und Moers ruft: »Adolf! Alte Nazi-Sau! Wo hast du denn die ganze Zeit gesteckt?« Im weiteren Verlauf des Abends erzählt Hitler erst einmal, »was in der Zwischenzeit so gelaufen war«. Es wird eine Chantré-Flasche nach der anderen geleert, und Prince und Hitler tauschen sich über neue Namen (»I've changed my name, too! It's not Adolf Hitler anymore! It's Oskar Schindler now!«) und persönliche Symbole aus.

Der Hitler, der da durch die Bildchen stolpert und über sein Leben nachdenkt (»Äch hätte Rossland besser öber die Flanke angreifen sollen«), hat nicht nur den Zweiten Weltkrieg überlebt, sondern ist auch seit 1945 kaum gealtert. Sensibel, nachdenklich, verwirrt vom Zeitgeist ist dieser Hitler ein Fall für den Psychiater – ein Zusammentreffen mit Göring, der unter dem Namen Hermine mittlerweile auf den Strich geht, bestätigt fast nebenbei jede absurde Verschwörungstheorie seit den Fünfzigern über das Verbleiben der Nazigrößen. Überhaupt ist Moers' Comic ein wilder Ritt durch Geschichte, Tabus und Mythen, bei dem beinahe jedes lieb gewonnene Klischee zerstört und all das, was gemeinhin als Grenze des guten Geschmacks gilt, ignoriert wird. Und natürlich wurde Moers Geschmacklosigkeit vorgeworfen.

Zu Unrecht. Denn Moers hat ja nie den Anspruch erhoben, historisch akkurat zu sein oder in irgendeiner Weise eine Aussage über den »Führer« zu treffen. Im Gegenteil: Moers' Adolf hat mit dem historischen Adolf Hitler aus Braunau vermutlich gar nichts am Hut. Vielmehr ist dieser Adolf bereits das Abziehbild des Hitler aus der Popkultur, die Inkarnation des Bösen, das eindimensionale Pandämonium, die mythische Figur. Für Moers, und nicht nur für ihn, ist Hitler längst eine Theaterpuppe wie das böse Krokodil oder der böse Räuber. Und diesem Handpuppenhitler kann man allerlei Albernheiten in den Mund legen, ihn auf diese Weise entzaubern und die schaurigschöne Kultfigur wenn schon nicht entnazifizieren, so doch entmystifizieren.

Was bei *Titanic* und den dort heimischen Humoristen und Cartoonisten für einen kleinen, erlesenen Kreis begann, führte ein anderer in den Mainstream: Harald Schmidt. Das Spiel mit Hitler, speziell mit dem verkrampften, aufgeregten Umgang der Deutschen mit ihrem »Führer«, war über die Jahre in vielen Sendungen und auf allen Sendern Schmidts Thema.

In einem der schönsten Einspieler, in »Hitlers Enkel«, trat Schmidt als Sven Hitler-Läpple auf. Als Enkel des Diktators sowie als fundamentalistischer Öko und naiver Weltverbesserer, der dem »Hitler in sich« nur bedingt Einhalt gebieten kann. Immer wieder dringt die dröhnende Stimme durch, immer wieder wird der aufbrausende, rechthaberische Charakter offenbar. Überdies nahm Schmidt in »Hitlers Enkel« den (bereits im Film *Stonk* parodierten) Skandal um die gefälschten Hitler-Tagebücher aufs Korn, die der Stern 1983 für einen Millionenbetrag gekauft – und trotz diverser Warnungen der Öffentlichkeit als verschollene Tagebücher Adolf Hitlers präsentiert hatte. Neben der Sensationsgier des Hamburger Magazins widmete sich Schmidt aber auch genüsslich der Fülle an billigen Klischees über Hitler sowie der deutschen Öko-linken, die sich als guter Geist der Nation versteht: So sagt Schmidt als Sven Hitler-Läpple in breitem Schwäbisch, er habe die »Vorliebe für vegetarisch's Essen von sei'm Opa g'erbt« und würde sich, obwohl er »seine Oma und sein' Opa« liebe, politisch doch eher bei den »grünen Fundis« verorten. Eine treffende Parodie auf den deutschen Zeitgeist: Man ahnt zwar, dass die eigenen Großeltern im Drit-

ten Reich nicht ganz schuldlos geblieben sind, will es aber eigentlich nicht wissen und richtet den Blick lieber in die grüne Zukunft.

In einem anderen Beitrag veralberte Schmidt die Werbung für *Time Life*, den Video- und DVD-Versand des amerikanischen Time-Warner-Konzerns. Zu den in zügiger Folge aneinandergeschnittenen schwarz-weißen Originalaufnahmen marschierender Nazis und Nahaufnahmen Adolf Hitlers schwadroniert der Offsprecher: »Deutschland: Haben wir den Krieg tatsächlich verloren? Manche sagen so – andere anders. Rufen Sie gleich an und sichern Sie sich die erste Folge: Wer gewann den Krieg?«

Die Pointen mögen albern und billig sein, doch die Kritik war berechtigt. Denn Darbietung und Anpreisung der Time-Warner-Serien trieften von oberflächlichen Klischees. Finsteres Dröhnen geriet zu einem werbetauglichen Grundrauschen, und jegliches historische Interesse wich einer finsteren Begeisterung für Hitler, die Nazis und den Zweiten Weltkrieg. Statt über Verantwortung und Schuld zu sprechen, wandte sich die Präsentation vor allem der vorgeblich historisch seriösen Dokumentationen immer mehr dem Skurrilen, Verschwörerischen zu – und schwieg oft von Hitlers willigen Helfern.

Georg Seeßlen bezeichnete diesen Prozess in seinen Essays in dem aufschlussreichen Band *Tanz den Adolf Hitler – Faschismus in der populären Kultur* einmal als »Kultur der Entschuldung«: »Die neue Geschichtsschreibung, wie sie in den siebziger Jahren aus Frankreich kam, die den Alltag, das Gewöhnliche, Regionale beschrieb, musste in Deutschland an ihre Grenzen gelangen. Das Regionale, das Alltägliche des Faschismus war nicht zu beschreiben, weil der Zugriff verweigert wurde, wenn Namen und Funktion nicht hätten genannt werden müssen. So musste, was wir von unserem Faschismus wissen durften, stets eher abstrakt bleiben, und diese Abstraktion macht vielleicht ein wenig auch den neurotischen Eifer aus, mit dem man sich schließlich auf das ›Menschliche‹

der Großfaschisten stürzte und der unsere Intimitätsgeilheit durch das große Interesse an den gefälschten Hitlertagebüchern entlarvte.«

Exakt diesen von Seeßlen diagnostizierten neurotischen Eifer, diese Intimitätsgeilheit parodierte Harald Schmidt. Häufig.

Im Rückblick erscheint, als habe bei der Aufarbeitung in den Neunzigern erneut eine Verschiebung der Koordinaten stattgefunden, wenn auch weniger lautstark: War Hitler-Humor in den späten Vierzigern ein antifaschistisches Bekenntnis, fungierte er ab Ende der Sechziger als Reinigungsprozess gegen die damals noch quicklebendigen Mythen der Nazizeit, um sich in den Achtzigern eine verbiestert aufklärerische Intention zu geben, bis er dann in den Neunzigern mehr und mehr zu einer Art Abwehrschlacht gegen die zunehmend banale mediale Vermarktung des Dritten Reiches wurde. Ganz abwegig ist der Gedanke nicht: dass zunächst der leibhaftige Hitler besiegt werden musste, danach seine Tabuisierung und Relativierung an die Reihe kamen und erst dann, als all das vollbracht und Hitler von allem »befreit« war, der neue, banalisierende Umgang aufs Korn genommen wurde.

Damit konnte auch die Harald-Schmidt-Show punkten: dass sie die geheuchelte Betroffenheit und das vorgegaukelte Interesse diverser Medienprodukte mit Spott und Hohn überzog. Einen besonders erhellenden Auftritt hatte Schmidt als Hitler und gleichzeitig als Hitler-Darsteller Bruno Ganz aus dem *Untergang*, in dem er den Mythos der Person ebenso zerlegte wie den des Films. Schmidt führte da vor Augen, wie etwas gedämpftes Licht, ein Bärtchen, eine Mütze, ein Militärmantel, ein bisschen Kunstschnee und das Geräusch eines Sturms voll kommen ausreichen, um schön gruselig »Hitler in Stalingrad« in Szene zu setzen. Zutaten, aus denen Eichingers Untergangsepos ja einen nicht unbeträchtlichen Teil seiner düsteren Faszination und damit seines Erfolgs bezog.

Eine Respektlosigkeit erster Güte war das sowieso: Schmidt stand da im öffentlich-rechtlichen Fernsehen Deutschlands, klappte den Kragen des Mantels nach oben, zog die Schultern hoch und schnarrte überschnappend etwas ins Mikrofon. Das war zwar nicht der Hitler aus der Geschichte, der, wie man mittlerweile weiß, sich nur bei großen Auftritten dieser manierierten Sprache bediente. Aber der Hitler aus dem Fernsehen, der war Schmidt allemal.

Und das Publikum lachte. Nicht über Hitler, die Person, nicht über die Millionen Toten des Zweiten Weltkriegs oder gar über die Opfer des Holocaust. Nein, es lachte über den Schund, der so oft als Hitler verkauft wird – und über sich selbst, weil durch die Parodie offensichtlich wurde, wie leicht der Hitler zu spielen ist. Und natürlich lachte das Publikum auch, weil es sich ertappt fühlte. Als Konsument des Dritten Reiches zu Unterhaltungszwecken.

In seinem Interview mit der *Süddeutschen Zeitung* anlässlich 60 Jahre Kriegsende merkte Schmidt später an, Mel Brooks habe sich bei der Verleihung des renommierten Musicalpreises »Tony« bei Hitler bedankt. Der Interviewer fragte nach: Müssten sich Bruno Ganz und Bernd Eichinger, die mit dem *Untergang* große Erfolge feierten, dann nicht eigentlich … Antwort Schmidt: »Ja! Nur: Mel Brooks darf das. Ich empfehle niemandem, bei der

Bambi-Verleihung zu sagen: Ich danke Adolf Hitler.« Ehrlich wäre es allerdings allemal.

Ob dieses Spiel auf der Metaebene, das Schmidt zu seiner Spezialität machte, aufgeht oder scheitert, das liegt oft an Details und Feingefühl. Und einmal schien auch Schmidt zu weit gegangen zu sein: In einer der Sendungen, die er gemeinsam mit dem Hannoveraner Comedian Oliver Pocher moderierte, stellten die beiden als Gag ein sogenanntes »Nazometer« vor, das bei NS-verdächtigen Äußerungen. anschlagen sollte. Schmidt und Pocher kalauerten munter drauflos, von »Gasherden« und »Duschen« beispielsweise. Das fiktive Gerät schlug aus, und die Moralwächter schäumten.

SWR-Intendant Peter Boudgoust sagte damals, »ein solches lustvolles Überschreiten von Grenzen« dürfe »es im öffentlich-rechtlichen Fernsehen nicht geben«. Und Majid Khoshlessan, ein Sprecher der Israelitischen Religionsgemeinschaft, meinte, der Witz müsse »Folgen haben« und dürfe »nicht mehr vorkommen«. Erst damit war er jedoch tatsächlich vollkommen. Denn die Erregung bestätigte letztlich exakt das, was Schmidt und Pocher angeprangert hatten – nämlich dass der ständige und manchmal vorschnelle Naziverdacht längst zum billigen Macht- und Moralinstrument geworden ist.

Man konnte den »Nazometer«-Witz drehen und wenden, wie man wollte – geschmacklos, das Dritte Reich verherrlichend, die Opfer verspottend oder gar antisemitisch war er nun bestimmt nicht. Zudem ging es in der Pointe um Hitler und das Dritte Reich schließlich nur bedingt – eigentlich waren nur genau die Wortführer der öffentlichen Meinung vorgeführt worden, die sich dann durch ihre Kommentare selbst weiter vorführten. Die Begründungen aber, warum der »Nazometer«-Witz so unerträglich gewesen sein soll, die blieben dünn oder gar ganz aus.

Solch öffentliches Gezeter ist weder ungewöhnlich noch neu. In einem Interview mit dem *Spiegel* sagte der Humorist Robert Gernhardt 1994, »jede Gruppierung und jede Figur des öffentlichen Lebens« wisse sehr wohl, wie man sich gegen Witze wehrt: »Indem man satirische Kritik in eine Verletzung der Menschenwürde ummünzt und ins Feld führt, der Ausrottung der Juden seien nicht zufällig die Judenwitze vorausgegangen. Heute wird jede missliebige Karikatur gleich als ›schlimmster Stürmer-Stil‹ gebrandmarkt. Darunter tun sie es nicht, die WächterInnen über Gutdenken und Richtigfühlen.« Gernhardt hatte für dieses Phänomen auch gleich einen passenden Begriff parat: »Stellvertreterentrüstung«.

Überhaupt war Robert Gernhardt einer der aufmerksamsten Analysten dieser erneuten Tabuisierung unter anderen Vorzeichen. Schon in einem früheren Gespräch hatte er das Phänomen am Beispiel der Frauenbewegung erläutert: »Wenn Frauen den ›Zigeuner- und Judenbonus‹ für sich in Anspruch nehmen und sagen, dass sie die Juden von heute seien, wenn sie auch dann von Frauenfeindlichkeit sprechen, wenn Taten der Frauenbewegung kritisiert oder wenn ganz deutlich Frauenfeindlichkeit karikiert wird, dann betrübt mich diese Unfähigkeit, sich selber oder Kritik wahrzunehmen.«

Denn ja, auch darum geht es, wenn jemand fragt, ob man über Hitler lachen dürfe: Darum, die Deutungshoheit zu wahren, die eigene moralische Instanz zu demonstrieren und gegebenenfalls Kritik abzuschmettern.

Und natürlich ist es eine sehr deutsche Debatte, weshalb die Frage eigentlich lauten müsste: »Darf man über Hitler lachen – als Deutscher?«

Anderswo stellt sich die Frage erst gar nicht. Und so gibt es in anderen Ländern eine ganze Reihe intelligenter Witze über Deutschland, die Aufarbeitung der Vergangenheit und das Dritte Reich. Ricky Gervais, ein englischer Komiker mit Hang zur schmerzhaften Pointe, ließ in seiner fabelhaften Serie *The Extra* Kate Winslet (die sich selbst spielt) einmal am Set eines Holocaustfilms in folgenden Dialog treten: Ein Komparse sagt da in einer Drehpause, er bewundere Winslet, weil sie ihre Bekanntheit nutze, den Holocaust im öffentlichen Bewusstsein zu halten. Winslet daraufhin: »Ist ja nicht so, dass es noch unbedingt Filme über den Holocaust bräuchte. Man fragt sich schon: Wie viele sollen es noch werden? Wir haben's verstanden, es war toll, danke, weitermachen. Also, der Grund, warum ich das mache, ist, weil ich festgestellt habe, dass man für Filme über den Holocaust garantiert einen Oscar bekommt. Ich war viermal nominiert – und habe nie gewonnen! Die ganze Welt fragt sich: Warum hat Winslet noch keinen Oscar! Deswegen mache ich das. Schindlers verdammte Liste, der Pianist – denen kamen die Oscars aus dem Arsch.«

Man könnte sicher ganze Bücher über den britischen Humor zum Thema Drittes Reich schreiben. Allein John Cleeses' berühmtes »Don't mention the war« aus der *Fawlty-Towers*-Folge »The Germans«, ein hinterlistiger Witz über die deutschland-feindlichen Klischees und Vorurteile der Briten, ist ein brillanter Beleg. Und man mag darüber hinaus ins Felde führen, der britische Humor mit seinem Sinn für Spitzen und Boshaftigkeiten sei an sich treffsicherer als der deutsche Nachkriegshumor von Heinz Erhardt über Fips Assmussen bis hin zu Otto, alles richtig. Man will sich ja wirklich nicht vorstellen, wie Assmussen sich an einer Pointe über Hitler oder gar den Holocaust versucht.

Warum aber Hitler in Großbritannien tatsächlich seit jeher eine gängige Witzfigur ist, erklärte der englische Journalist Jacques Peretti in seiner BBC-Dokumentation *Hitler – The Comedy Years* mit der englischen Kriegspropaganda. Diese habe, erläuterte er, auf persönlichen Wunsch von Premierminister Neville Chamberlain, Lieder und Sketche erfunden, um die Person Hitler zu verspotten und damit seinen Mythos der Stärke und Unbesiegbarkeit zu brechen. Während der Krieg schließlich zu Ende war, ergänzte Peretti, habe die englische Kriegspropaganda nie geendet – ein Blick in die englische Presse vor Fußballländerspielen spricht heute noch Bände.

Die Grundvoraussetzung für den britischen Ulk brachte Hitler mit Bart, Wut und alpenländischem Rollen des R zwar selbst mit, doch vermutlich war es in Großbritannien, mit etwas Hilfe seitens der Kulturschaffenden und angesichts größerer Distanz, zudem einfacher, Hitlers Lächerlichkeit als solche auch zu erkennen

Peretti zufolge war Hitler in den vergangenen 60 Jahren eigentlich immer ein Sujet des britischen Humors, mal lustiger, mal plumper, mal mit Witzen auf Kosten der Deutschen, mal auf Kosten der Briten, mal auf Kosten aller Kriegsnationen, mal mehr, mal weniger – aber letztlich ohne Unterbrechung. Peretti schließt daraus, Hitler sei womöglich einer der wichtigsten britischen Komiker der Nachkriegszeit. In einem Beitrag für den *Guardian* schrieb er, der »Schlüssel zu Hitlers ureigener Komik« sei die Tatsache, »dass er ganz und gar, komplett und absolut ohne jeden Sinn für Selbstironie war. Dieser Mangel an Selbsterkenntnis, kombiniert mit einem geisteskranken Größenwahn, ist eine unglaublich gute Kombination. Wie durchgeknallt und also reich an komischem Potenzial!«

Was diese recht ungetrübte und oft zum Slapstick neigende Sicht auf Hitler angeht, spielen die Briten in einer Liga für sich, doch außer ihnen nehmen auch die Israelis und überhaupt Juden in puncto humoristischer Umgang mit dem Dritten Reich eine Sonderstellung ein. So etablierte das mittlerweile nur noch im Internet existierende amerikanisch-jüdische Magazin *Heeb* seinen ganz eigenen humoristischen Umgang mit diesem Thema und machte sogar vor dem Holocaust nicht halt. Bitter und satirisch zugleich zielte man geradewegs dorthin, wo es wirklich wehtut. Eine Fotostrecke mit der jüdischen Komikerin Roseanne Barr, bekannt aus der nach ihr benannten Sitcom *Roseanne*, zeigte die Mimin mit Hakenkreuzbinde und Hitler-Bart, in der Hand ein Backblech voller verbrannter und verstümmelter Weckmänner haltend. Eine Jüdin als Hitler, verbrannte Kuchenmännchen, die Holocaustopfer symbolisierten, das war selbst vielen treuen *Heeb*-Lesern zu viel und löste einen Skandal aus. (Weshalb vermutlich, trotz freundlicher Anfrage, auch dieses Bild hier nicht gezeigt werden darf.)

Joshua Neuman, damals Herausgeber des Magazins, äußerte sich zu den Bildern, den Vorwürfen der Geschmacklosigkeit und der Kritik: »*Heeb* ist ein satirisches jüdisches Kulturmagazin, das Stereotypen und Ideen (auf hoffentlich kreativen Wegen) hinterfragt, die von vielen als heilig erachtet werden. Dabei geht es auch darum, die vielfältigen und vielschichtigen Sichtweisen der Juden hinsichtlich ihres Identitätsverständnisses abzubilden. Nahezu jeder Vorschlag, den wir bei der Vorbereitung unserer Deutschlandausgabe bekamen, verwies auf die Nazis und den Holocaust, und fast alle diese Vorschläge waren humoristisch. Selbstverständlich konnten unsere Redakteure nicht umhin, sich zu fragen, ob da etwas Neues im Entstehen sei – ob Witze über den Holocaust und die Nazis noch so stark tabuisiert sind, wie sie es einmal waren.«

Neuman hatte recht, und seine Einschätzung stimmt nicht nur, aber speziell für den jüdischen Humor zu diesem Thema. Allein die Länge einer Liste von Holocaust- und Hitler-Witzen unterschiedlichster Herkunft und unterschiedlichster Qualität würde seinen Eindruck eindrucksvoll bestätigen.

Wie sehr die Tabus längst angegriffen sind, zeigen auf besondere Weise zwei Beispiele wiederum amerikanisch-jüdischen Humors. In der zwischen 1989 und 1998 ebenso beliebten wie erfolgreichen NBC-Sitcom *Seinfeld* hatte in einer Folge ein übellauniger Suppenkoch in New York einen Gastauftritt. Mit all seiner Mimik und seinem prototypisch bösen Verhalten erinnerte er ganz entfernt an das im amerikanischen Filmen gepflegte Klischee des bösen Deutschen – und hatte entsprechend prompt den Spitznamen »The Soup Nazi« weg. Ein übellauniger Suppenkoch, quasi auf Augenhöhe mit den Nazis – ein selbstironischer Witz der Erben der Opfer.

Noch schmerzhafter allerdings war die »Survivor«-Episode der *Seinfeld*-Nachfolgeserie *Curb Your Enthusiasm* (auf Deutsch: *Lass' es, Larry*). Was Larry David, der sich selbst spielte, da aufführte, das würde sich kein deutscher Komiker trauen. Da lädt er seinen Vater und befreundete Holocaustüberlebende ein, ebenso einen Rabbiner, der wiederum einen Teilnehmer der TV-Sendung *Survivor*, dem amerikanischen Vorbild für das »Dschungelcamp«, mitbringt. Während des gemeinsamen Abendessens beginnt der Teilnehmer der Reality Show mit seinen Erlebnissen und den überlebten Gefahren anzugeben, bis der Holocaustüberlebende ihm ins Wort fällt. Der anschließende Dialog ist ein Paradebeispiel für den Humor Larry Davids – und für die Doppeldeutigkeit des englischen Begriffs »survivor«, der eben auch die übliche Bezeichnung für Holocaustüberlebende ist.

»Sehr interessante Geschichte«, sagt also der ältere Herr, »aber lassen Sie mich eins sagen: Ich war in einem Konzentrationslager! Sie dagegen haben in Ihrem Leben keine Minute ertragen müssen, was ich durchgemacht habe.« – »Schauen Sie, was ich sagen will: Wir haben da 42 Tage verbracht, hatten wirklich geringe Essensrationen, keinerlei Snacks ...« – »Snacks? Wir haben manchmal eine Woche, ach, einen Monat lang nichts gegessen!«

So geht der Wettstreit weiter, wer nun die schlimmere Zeit durchmachen musste, bis der Fernsehteilnehmer fragt: »Haben Sie die Sendung überhaupt mal gesehen?« Antwortet der alte Herr: »Haben Sie unsere Sendung gesehen? Sie hieß: der Holocaust!«

Der Dialog ist so witzig wie bitter. Nicht bloß weil es die mediale Aufbereitung des Holocaust persifliert, sondern auch weil er deutlich macht, dass selbst das Vokabular für Leid gewisse Grenzen hat. Wenn jedermann zum »Überlebenden« wird und über erlebte Grausamkeiten klagen kann, wie soll dann über die Gräueltaten in den KZs gesprochen werden? Zugleich aber ist diese Satire ein Hinweis darauf, dass sich die Erben der Überlebenden einerseits nicht wirklich vorstellen können, was die Eltern und Großeltern durchgemacht haben – sich andererseits jedoch von der Schwere dieser Erzählungen nicht ständig einschüchtern lassen wollen.

Ausgesprochen bemerkenswert ist ebenfalls der Umgang israelischer Komiker und Humoristen mit dem Völkermord an den Juden. Allein die bereits erwähnte Überschrift aus der Tageszeitung *Ha'aretz* »This way for the laughing gas« (Hier entlang zum Lachgas) spricht Bände. In dem dazugehörigen Artikel beschrieb Sarah Blau, Schriftstellerin und Mitveranstalterin eines alternativen Gedenktags für die Holocaustopfer, im Jahr 2004, wie junge Israelis beim Umgang mit diesem Thema mehr und mehr die Grenzen des guten Geschmacks überschreiten und heilige Kühe schlachten wollen: »Auch wenn hin und wieder der Versuch unternommen wurde, das Messer näher an den Hals dieser heiligen Kuh zu bringen, steht die Kuh weiterhin im Sicheren in der Mitte der Weide, wobei jeder das Muhen hört, aber keiner lacht, denn was in der Welt könnte an sechs Millionen Leichen komisch sein? Nichts. Sechs Millionen abgeschlachtete Juden können kein Gegenstand der Satire sein. Vielleicht sind sie ein Thema für geschmacklose Witze, aber nicht für Satire. Was aber satirische Zuwendung verdient, das ist die Kommerzialisierung des Holocaust, und das sind diejenigen, die mit dem Gedenken an die Toten ihre Geschäfte treiben, oder jene, die den Holocaust an sich gerissen haben und ihn nun für ihre politischen Zwecke nutzen.«

Was Sarah Blau dann im Folgenden auflistet, hat es tatsächlich in sich. Selbst unter der Voraussetzung, dass schwarzer Humor in Israel Tradition hat, sind die Pointen keine leichte Kost. Da erzählt etwa die Komikerin Adi Ashkenazi, sie habe die Niederlande bereist und das Haus von Anne Frank besucht, um dann verwundert festzustellen: Anne Frank ist ja gar nicht zu Hause gewesen. Oder folgender Witz: Wo war während des Holocaust die größte Konzentration an Juden? – In der Atmosphäre.

Lacht noch jemand? Wirklich? Und wenn ja: Wo? Und warum?

Darf man nun also über Adolf Hitler lachen? Nicht immer, unter Umständen aber doch – und unter besonderen Umständen sollte man das sogar unbedingt tun.

»Die Frage bei jedem Witz ist, über wen man lacht«, wird etwa der israelische Komiker und Autor Uzi Weil in dem *Haaretz*-Artikel zitiert. »Wenn Humor eine Waffe ist, gegen wen kämpft man dann? Wer ist der Böse? Humor, der sich auf die Kommerzialisierung des Holocaust bezieht, greift die Scheinheiligkeit and das Missverhältnis unserer pathetischen Worte und unseres wirklichen Empfindens an, wenn wir sehr große Gefühle nutzen, um viel geringere Ziele zu erreichen. Jeder Witz der Welt, der auf Grundlage dieser Disparität funktioniert, ist vollkommen legitim.«

Ähnlich Serdar Somuncu. In einem Interview mit der *taz* erklärte er: »Die Zuschauer haben tatsächlich diesen Nervenkitzel. Leider. Dieser Respekt, den Hitler dadurch bekommt, den verdienen seine Opfer. Es ist noch eine

Menge Arbeit zu leisten, um das zu ändern.« Die vielleicht griffigste Anweisung zur Humorproblematik kommt von Dani Levy, dem schweizerisch-jüdischen Filmemacher, der beim leider nicht sonderlich lustigen Film *Mein Führer: Die wirklich wahrste Wahrheit über Adolf Hitler* Regie führte. Er sagte zu ebendieser Frage: »In diesen experimentellen Zeiten ist alles erlaubt. Tabus dürfen gebrochen und die Grenzen des guten Geschmacks verletzt werden – solange das Gewissen auf der richtigen Seite steht.«

Das allerdings gilt nicht allein für das Dritte Reich. Alles wird früher oder später zum Gegenstand von Humor, wie schon Marx wusste: »Es gehört zu den geschichtlichen Erfahrungen, dass alle ›überstandenen‹ Phasen der geschichtlich-gesellschaftlichen Entwicklung früher oder später als komisch empfunden werden, mögen sie noch so tragisch gewesen sein. Die erste Form der Erledigung ist die satirische Form, die zweite das reine Lachen. Der tiefere Grund dafür ist, dass Menschen zu der Überzeugung gelangt sind oder immer mehr gelangen, dass die bloßgestellten Zustände überwindbar sind«, heißt es in seiner *Kritik der Hegelschen Rechtsphilosophie*. Um es kurz zu machen: Marx hat recht.

V. Tanz den Hitler:
Das Dritte Reich auf Radioformat

Nach Auschwitz Gedichte zu schreiben, hat Theodor W. Adorno einmal gesagt, sei barbarisch. Man darf also davon ausgehen, dass er von der Idee, Popsongs nicht nur *nach* Auschwitz, sondern gar *über* Auschwitz und das Dritte Reich zu schreiben, erst recht nicht angetan gewesen wäre. Und tatsächlich, das Anliegen ist nicht ganz unproblematisch.

Was vor allen Dingen am Format des Popsongs selbst liegt: Weder die Länge noch die sonstigen Standards wie Refrain und Strophe eignen sich wirklich für die Thematisierung komplexerer Sachverhalte – und genau damit hat man es ja bei Hitler und dem Dritten Reich, dem Holocaust und dem Zweiten Weltkrieg zu tun. Hinzu kommt Folgendes: Da Songs in der Regel die Grenze von dreieinhalb Minuten nicht überschreiten, ist eine Verkürzung und Simplifizierung ganz zwangsläufig nicht zu vermeiden. Anders formuliert: Fast nie kommt bei Popsongs über Hitler und Holocaust mehr heraus als die bloße Wiederholung billiger Klischees, fehlerhafter Mythen und populärer Irrtümer. Darüber hinaus jedoch sind die Songs denkbar unterschiedlich, und die Musikstile und

Interpreten variieren ähnlich stark wie Intentionen und Beweggründe.

Wie abwegig Popmusik über das Dritte Reich sein kann, offenbart ein kurzer Überblick. Da ist beispielsweise der jamaikanische Reggaesänger Eek-A-Mouse mit seinem zwar sehr betroffenen, aber leider von Mythen besoffenen *Mr Hitler*; der ironische *Hitler Rap* der New Yorker Komiker von The Whitest Kids You Know; DAFs Elektropunkkracher *Tanz den Mussolini* und der vermutlich verstörendste Vertreter der Gattung – das bereits erwähnte, sowohl sprachlich als auch musikalisch penetrant fröhliche Lied *I Never Loved Eva Braun* von den Boomtown Rats.

Vor allem Letzteres ist hochinteressant: Bob Geldof, damals noch Sänger der Band, versetzt sich in seinem Lied nämlich in Adolf Hitler höchstpersönlich – er vergleicht also nicht andere mit Hitler, sondern sich selbst. Wobei der eigenartige Effekt herauskommt, und zwar mit voller Absicht, dass man im Grunde Adolf Hitler zum Interpreten dieses Songs macht, eines zu allem Überfluss ausgesprochen heiteren Stücks über Liebe, Krieg und Völkermord. Dass es mit der von einer Frau gesprochenen Frage »Are you really going out with Adolf« beginnt, verleiht dem Ganzen – neben der Musik, die diesen Eindruck noch verstärkt – den Anstrich einer Teenagerliebesballade. Der Text ist ohnehin ein Kapitel für sich, was Klischees über Hitler und den Mythos des Dritten Reiches betrifft. Geldof legt Hitler unter anderem Zeilen wie die folgenden in den Mund:

Oh yeah, I conquered all those countries
They were weak an' I was strong
A little too ambitious maybe

»Vielleicht ein bisschen zu ambitioniert«? Ist das noch unfreiwillig komisch, bereits ein Fauxpas oder schon eine Parodie? Es bleibt unklar. Überhaupt ist *I Never Loved Eva Braun* eine im negativen Sinne beeindruckende Ansammlung von fast durchgehend widerlegtem Hörensagen über Hitler: Dessen angeblich kompromisslos vegetarische Lebensweise (»D'ja ever see me touch a scrap of meat?«) darf ebenso wenig fehlen wie die revanchistische Geschichtslüge, Hitler habe vom Holocaust und den Vernichtungslagern nichts gewusst (»I never heard all the screams/I never saw the blood and dirt and gore«).

Was Bob Geldof damit bezweckt, bleibt nebulös. Allerdings ist es nicht ganz dem Zufall geschuldet, dass ausgerechnet er und die Boomtown Rats ein derartiges Lied herausbrachten, denn ähnlich wie beim Humor bereits festgestellt weist auch der britische Pop eine deutliche Hitler-Obsession auf. Und das nicht nur, weil der Zweite Weltkrieg aus Sicht vieler Briten des Landes »finest hour« gewesen ist, wie es einst Winston Churchill formulierte. Sondern noch mehr, weil sich vor allem die britische Punkszene seinerzeit mit einer deutlich nach rechts gerückten Skinheadkultur konfrontiert sah. Die schottische Punkband »The Exploited« verlieh gar musikalisch der Vermutung Ausdruck: *Hitler's in the Charts Again.* So ernst der Aufwind der Naziskins, so ironisch und zynisch der Text dieses Songs:

Join the shower queue in your dancing shoes
Be the dancing champ of your concentration camp
Keep on movin' fast remember Belsen was a gas
Hitler's in the charts again

Die Wendung »Belsen was a gas« war allerdings keine

Erfindung der schottischen Punker, sondern spielte auf einen der umstrittensten Titel der Sex Pistols an. Geschrieben von Sid Vicious, der unter anderem dadurch Bekanntheit erlangte, dass er ein rotes T-Shirt mit Hakenkreuz trug, war der Song keineswegs ein Ausrutscher oder ein Versehen – vielmehr handelte es sich um eine bewusste, gemeine und direkte Verletzung aller Regeln des Anstands und des guten Geschmacks mit den Mitteln des Sarkasmus und des schwarzen Humors:

Belsen was a gas, I heard the other day
In the open graves where the Jews all lay
»Life is fun and I wish you were here«
They wrote on postcards to those held dear

Obwohl das Konzentrationslager Bergen-Belsen kein Vernichtungslager im engeren Sinne war und es dort keine Gaskammern gab, entsprach das der Wahrnehmung der Briten, die das KZ 1945 befreit und Berge von Leichen vorgefunden hatten. Ein entschuldbarer historischer Irrtum also, aber ein folgenreicher, denn die Wendung »was a gas« wurde im England der Sechziger und Siebziger nach zeitgenössischen Aussagen zur gängigen Bezeichnung für eine spaßige Veranstaltung. Der Skandal war vorprogrammiert. Und über Jahre hinaus tat man sich schwer, bei Pop und Punk zum Thema Drittes Reich auf dem schmalen Grad zwischen provokanter Geschmacklosigkeit und ernsthaftem Anliegen nicht ins Unsägliche abzurutschen.

Vergleichsweise weniger zynisch und bissig ging man in der amerikanischen Musikszene an das Thema heran. Die US-amerikanische Band Dead Kennedys beispielsweise beschäftigte sich vollkommen unironisch und konkret damit, etwa in *Nazi Punks Fuck off*:

You still think swastikas look cool
The real nazis run your schools
They're coaches, businessmen and cops
In a real fourth reich you'll be the first to go

Bands wie Anal Cunt und die Angry Samoans hingegen taten sich mit zumeist abstrusen und maximal geschmacklosen Texten hervor. Zu einer gewissen Meisterschaft brachte es in dieser Hinsicht vor allem Anal Cunt – nicht nur durch die zahllosen Holocaustwitze, sondern insbesondere mit Songs, die Titel trugen wie *I Sent Concentration Camp Footage to America's Funniest Home Videos*, *Hitler Was a Sensitive Man*, *I Went Back in Time and Voted for Hitler* und *Ha Ha Holocaust*.

Selbst wenn man wohl voraussetzen muss, dass die Texte vor allem dazu gedacht waren, zu verstören und zu beleidigen (beides tun sie), so sind sie doch auch Ausdruck einer gewissen Hilflosigkeit, wie man – angesichts der unvorstellbaren Gräuel und des immensen moralischen Drucks – mit alldem umgehen soll. Trotzdem: So oder so ist das Resultat, dass so gut wie nichts vom Holocaust begriffen wird und nichts bleibt als ein Frontalangriff auf von oben verordnete Betroffenheit und öffentliche Moral. Eines vielleicht ist trotz der geschmacklosen Texte interessant: Bei Anal Cunt wird »Hitler« schon nicht mehr nur als Name einer historischen Figur benutzt, sondern bereits als Beleidigung. In *Hitler Was a Sensitive Man* heißt es etwa:

He hired gay and handicapped officers
He was concerned about overpopulation

If Hitler was alive today

He'd listened to The Cure, The Smiths, and Depeche Mode

Auch ein anderes zeitgenössisches Phänomen schlägt sich im US-Punk nieder: die Tendenz der amerikanischen Öffentlichkeit, alles, was auch nur im Entferntesten mit Adolf Hitler zu tun hat, gleichsam zu dämonisieren und so, wohl unfreiwillig, aufzuwerten. Ein gutes Beispiel bieten die Angry Samoans mit ihrem Song *They Saved Hitlers Cock*:

They saved Hitler's cock

They stuck it in Himmler's sock

They saved Hitler's cock

And now it wants to talk

Natürlich ist das keine ernst zu nehmende Diskurs- oder Gesellschaftskritik, doch in der Abstrusität des Liedes finden sich durchaus genau die Mechanismen wieder, die in den USA den öffentlichen Umgang mit Hitler kennzeichnen: die Kombination aus Hitler und Sex als Verkaufsschlager; die Reduktion des Dritten Reiches auf wenige Namen und Schlagworte; die Bereitschaft, jede Art von Hitler-Memorabilien aufzubewahren – und die Neigung, das Thema wieder und wieder auf inhaltlich überschaubarem Niveau in Talkshows durchzukauen.

Womit schon zwei, nein, drei der hauptsächlichen Eigenschaften von Popsongs zum Dritten Reich skizziert wären. Denn neben der Reduktion Hitlers und der Nazis auf ihr Schockpotenzial lässt sich feststellen, dass Hitler als pars pro toto für jede Spielart von Rechtsextremismus herhalten muss, indem man ihn abstrahiert. Und so wird – das gilt für eigentlich fast alle Lieder, die ihn zum

Gegenstand haben – Hitler zur Metapher. Zum Inbegriff für Faschismus und Nazismus, für Tod und für Völkermord. Zum Sinnbild für das Böse ganz allgemein oder auch nur zum Prototyp, den keiner mag.

Die Überflutung des US-Musikmarkts mit Liedern zu Drittem Reich und Holocaust hat natürlich Gründe. Henryk M. Broder konstatierte bereits 1993 im *Spiegel*, Amerika erlebe »einen Holocaust-Rausch, als käme es nun, ein halbes Jahrhundert nach dem Ende der Nazi-Barbarei in Europa, darauf an, den größten Völkermord der jüngsten Geschichte neu zu inszenieren, als wollten die Amerikaner die nationale Schande wettmachen, dass ein historischer Superlativ nicht auf ihrem Territorium und nicht unter ihrer Regie stattfinden konnte«.

Selbst ohne die Amerikaner mit Zynismus und Häme zu überziehen, ist es recht aufschlussreich, welche Ausmaße dieser Holocaustrausch angenommen hat. Aber ebenso welch verschiedene Ausdrucksformen. Denn es gibt nicht nur Indiskutables, sondern auch Beispiele, die zumindest im Ansatz ehrenwerte Motive erkennen lassen, obgleich das Resultat genrebedingt durchwachsen bleibt. Wie etwa bei der US-amerikanischen Alternative-Metal-Band Disturbed, die erst im letzten Jahr einen Song mit dem Titel *Never Again* veröffentlichte – *dem* Slogan schlechthin gegen den Holocaust und somit eine recht sichere Bank. Zwar lässt der Text des aus einer jüdisch-amerikanischen Familie stammenden Disturbed-Sängers David Draiman eine persönliche Note erkennen, ergeht sich jedoch insgesamt in sehr Vorhersehbarem:

A generation that was persecuted endlessly
Exterminated by the Nazi war machine

We will remember, let the story be told
To realize how we lost our humanity

Große Worte. Und leider zugleich große Phrasenhube-
rei: Nicht einfach Verfolgung fand da statt, sondern »endlose« Verfolgung. Und das nicht bloß durch Nazis oder
ehemalige Nachbarn, Mitbürger, die Wehrmacht, die SS
oder die Gestapo, sondern seitens der »Nazikriegsmaschi-
nerie«. Natürlich muss Kunst nicht dokumentieren, dafür
gibt es schließlich die Wissenschaft, aber dass die Repro-
duktion von Klischees der Erinnerungskultur nicht sonderlich zuträglich ist, das sollte auch ein Alternative-Metal-
Rocker nachvollziehen können.

Remedy, ein jüdischstämmiger Rapper aus dem Umfeld des New Yorker Wu-Tang-Clans, schaffte 1998 mit
Never Again den schwierigen Spagat zwischen Kunst und
Klischee ebenfalls nur bedingt. Sein Song beginnt mit
einem hebräischen Gebet, sampelt die israelische Natio-
nalhymne und endet mit der »Schma Jisrael«, dem zentralen Glaubensbekenntnis der Juden – und über alldem
rappt Remedy:

I can't express the pain
That was felt on the train
To Auschwitz, tears poured down like rain
Stripped down and carved up or gassed to death
The last hour, I smelled the flowers
Flashbacks of family then sent to the showers

Interessanterweise folgt Remedy, indem er das durch
den Holocaust erlittene Leid mit Verweisen auf den Staat
Israel verknüpft, der Lesart des Zionismus. Die Formulierungen sind durchaus eindrücklich und verfehlen, gepaart
mit einer düsteren, von Streichern getragenen Melodie

und schwermütigen, stumpfen Bässen ihren Zweck, Betroffenheit emotional zu vermitteln, natürlich nicht. Dass Remedy damit hart an der Grenze zum Kitsch hantiert, ist daher kein Zufall oder Unfall, sondern Absicht.

Bedauerlich ist es allerdings, wenn selbst ernsthafte und von guten Vorsätzen getragene, aber auch verzweifelte Versuche, das Dritte Reich und den Holocaust mit den Mitteln populärer Musik zu verhandeln, letztendlich scheitern, weil der Völkermord auch nach mehreren Jahrzehnten unbeschreiblich bleibt. In ihrer Verzweiflung greifen die Songschreiber da zur maximalen Emotionalisierung. Bloß ist diese Übertreibung letztlich unnötig. Ein Song über den Holocaust braucht doch eigentlich, sollte man glauben, keine Geigersätze in Moll und keinen Gebetssingsang, um Tiefe und Betroffenheit zu signalisieren. Als wäre das Grauen an sich nicht groß genug.

Immerhin, und das muss man gerade Beiträgen aus dem Metal- und Hip-Hop-Segment eindeutig zugestehen, ergehen sich diese nicht in unfreiwilliger Komik wie etwa der jamaikanische Reggaemusiker Eek-A-Mouse in seinem durchaus ernst gemeinten Lied *Mr Hitler*. Da heißt es:

There was a man whose name was Hitler
Him just a go on like him superior
While other races he said is inferior
Und weiter:
All day all night me say him really provoke
Him use them skin and he turn to soap
Remember this is history and this ain't no joke
Natürlich muss man Eek-A-Mouse zugute halten, dass er als Jamaikaner kein so unmittelbares Verhältnis zur

Thematik hat wie Deutsche, Israelis und US-Amerikaner, Franzosen, Polen und Briten. Und vielleicht liegt es auch an einer westlichen Sichtweise, die Reggae als eher sommerlich leichtfüßige Musik betrachtet und folglich zu der Schlussfolgerung kommen muss, dass *Mr Hitler* ein komplett misslungener Versuch ist, mittels Musik ein problematisches Thema rüberzubringen. Nicht ganz zu Unrecht, wenn man sich anschaut oder anhört, was der Jamaikaner da so zusammenmischt: »Bang-bang, billy-billy, wah-weh-deh bang bang billy deh-deh, there was a man called Hitler.« Da hilft auch aller guter Wille nicht mehr.

Allerdings sind solche Geschmacklosigkeiten keineswegs auf den amerikanischen oder karibischen Raum beschränkt. Eines der am wenigsten gelungenen Beispiele, wie man mit dem Dritten Reich in Hip-Hop-Tracks umgehen kann, hat der deutsche Rapper Samy Deluxe beigesteuert. In seinem Heimatlied *Dis wo ich herkomm* erklärt er:

Wir haben kein Nationalstolz
und das alles bloß wegen Adolf –
Ja, toll, schöne Scheiße – der Typ war doch eigentlich 'n
Österreicher…
Die Nazizeit hat unsere Zukunft versaut
Die Alten sind frustriert, deshalb badet die Jugend es aus
Später heißt es:
Ein' Monat waren wir stolz, dann mussten wir uns wieder schämen
denn es heißt, wir haben beide Weltkriege gestartet

Schon verblüffend, wie sich auf so wenigen Zeilen so viele revisionistische Klischees und falsche Vorstellungen über das Dritte Reich wiederfinden können. Angefangen mit dem Versuch der Reinwaschung Deutschlands, indem Adolf Hitler kurzerhand zum Österreicher gemacht und dadurch anderen das Problem aufgehalst wird – ganz so, als sei Hitler niemals deutscher Staatsbürger gewesen und als habe damals nie die verbreitete Anschauung existiert, dass Österreich eigentlich deutsch sei.

Im Übrigen geht es Samy Deluxe weder um Hitler und Diktatur noch um Weltkrieg und Holocaust. Nein, ihn stört es gewaltig, dass er und andere »Enkel« für die Fehler der Ahnen büßen sollen – damit und mit nichts anderem hat er ein Problem. Also gerade nicht mit Terrorherrschaft, Holocaust und Weltkrieg.

Die linke Wochenzeitung *Jungle World* schrieb damals ebenso pointiert wie richtig: »So meint Samy Deluxe aber, die deutsche Geschichte säubern zu müssen, damit es sich hier besser leben lässt. Adolf war Österreicher, und ›es heißt ja nur, wir hätten beide Weltkriege gestartet‹, was impliziert: Google das doch mal, stimmt vielleicht ja gar nicht, vielleicht haben ja auch die Franzosen oder Polen angefangen.«

Nur hatte sich Samy Deluxe zuvor gegen Fremdenhass und Rassismus engagiert und ist somit revanchistischer Tendenzen nicht ohne Weiteres verdächtig. Bleibt dennoch der Tatbestand der Ahnungslosigkeit. Aber entschuldigt das alles? Muss sich nicht jeder, der ein solch sensibles Thema anpackt, zumindest so weit schlaumachen, dass er nicht kruden Mythen und gefährlichem Halbwissen aufsitzt?

Inhaltlich besser gelöst ist ein Song der Band Thee Headcoats aus dem Jahr 1997. Es ist ein schepperndes Garage-Rock-Stückchen, das *Where are the Children that Hitler Kissed?* heißt. Bis zum Jahr 2000 waren die Headcoats die Band von Billy Childish, einem englischen Maler, Schriftsteller, Dichter, Filmemacher, Sänger und Gitarristen – und entsprechend anspruchsvoller und reifer, leider allerdings auch in weiten Teilen schwer verständlich ist der Text. »The Führer fell and the people hissed – where are the children that Hitler kissed?« – ein wirklich neuralgisches Thema, ein echtes Tabu, angesprochen in einem scheppernden Garage-Rock-Sound. Tatsächlich eine Leistung. Und der Beleg, dass Popmusik und Drittes Reich grundsätzlich geht. Vorausgesetzt, man weiß die vielen, vielen Fettnäpfchen zu umschiffen – zum Beispiel indem man eben nicht versucht, alles, von der Machtergreifung bis zu Angriffskrieg und Völkermord, in ein einziges Lied zu packen.

Noch interessanter als all diese Versuche, tatsächlich Geschichte auf dreieinhalb Minuten Radioformat zu verhandeln, sind jene Songs, in denen es zwar um Hitler und die Nazis geht, aber nur auf den ersten Blick. Wie schon in anderem Zusammenhang beobachtet, veränderte sich ab den Siebzigerjahren die Sichtweise auf das Dritte Reich. Neben den konkreten historischen Ereignissen interessierte zunehmend die Frage nach der zugrunde liegenden Geisteshaltung und mehr als die Person des diktatorischen Führers die Metapher. Das, wofür Hitler steht – nämlich für das Böse schlechthin, für die Abgründe der menschlichen Seele.

Eines der frühen Beispiele ist das Album *Third*

Reich'n'Roll (1974/75) der Band The Residents, eine ultimative Ansammlung von Naziklischees – die Songs, das Cover, die ganze Aufmachung eine einzige Nazireferenz. Da sah man den US-amerikanischen TV-Moderator Dick Clark mit Hakenkreuzarmbinde sowie viele kleine Adolf Hitlers in Männer- oder Frauenkleidung, und selbstredend kam die Band im entsprechenden Outfit mit Hakenkreuzen auf den Krägen daher. Auch die Titel der beiden LPs waren Programm: *Swastikas on Parade*, Seite A des Albums, sowie *Hitler Was a Vegetarian,* die Seite B, vermischen ununterbrochen Zitate der Popkultur, angefangen von einer in radebrechendem Deutsch vorgetragenen Version von *Let's Twist Again* bis hin zu *Sunshine of Your Love,* von *Hey Jude* bis *Sympathy for the Devil.*

Auch die Überzeugung, dass faschistoide Tendenzen überall, nicht nur in Deutschland vorkommen können und in jedem Menschen ein kleiner Hitler stecken kann, war ein Produkt jener Zeit. »Little Hitler«, diesen Begriff führte dann 1978 der englische Sänger und Songwriter Nick Lowe mit einem gleichnamigen Titel und einem recht merkwürdigen Text in die Popkultur ein:

Little Hitler, now I'm serious

Let me guess why you knocked me

Off your guest list

Da wird man fix

zum Hitler, bloß weil man jemanden von der Gästeliste streicht. Kommentar überflüssig.Trotzdem fand Lowe Nachahmer, und Elvis Costello, ein weiterer englischer Musiker, sang bereits im darauffolgenden Jahr zu einer recht eingängigen, poppigen Melodie von zwei kleinen Hitlers:

Two little Hitlers will fight it out until
One little Hitler does the other one's will
I will return
I will not burn

Und sieben Jahre später, 1986, veröffentlichte die englische Band Everything But the Girl, mit der Sängerin Tracey Thorn, ebenfalls unter dem Titel *Little Hitler* eine äußerst kitschige Popballade im Stil einer Herz-Schmerz-Schmacht-Hymne:

Behind ever big man there's a small boy
Drink to Stalin and Hitler and Jimmy Boyle
Hard men get all the catches
Every woman loves a fascist
Come the big day, you'll be okay

Was allerdings der schottische Künstler Jimmy Boyle, der für einen Mord eine Gefängnisstrafe absitzen musste, letztlich in der illustren Gesellschaft von Hitler und Stalin zu suchen hat, blieb Geheimnis der Band. Vermutlich steht Boyle als Mörder stellvertretend für all die kleinen Hitlers in uns, von denen man ja nie genau weiß, wohin das noch führen kann:

Little Hitlers, little Hitlers
Grow up into big Hitlers
Look what they do

Auch wenn sich die Engländer dieser Thematik besonders hingebungsvoll gewidmet zu haben scheinen, gab und gibt es anderswo ebenso Tendenzen, immer und überall Hitlers oder Nazis zu erkennen. Mit gutem Grund bildet Deutschland da keine Ausnahme – schlimm, wenn es anders wäre. Wohin aber diese erhöhte Sensibilität führen kann, das zeigte sich 2006 anlässlich der Fußball-WM an dem Blumfeld-Song *Deutschland der Deutschen*:

Jubel ertönt, das Spiel ist vorbei
Die Freude ist groß
Woran es auch liegt
Sie schwenken dazu ihre Fahnen
Es geht wieder los
Sie singen ihr Lied
Unschuldig wie einst die Ahnen

Dazu schrieb der Journalist Aram Lintzel im Sommer 2006 in der Tageszeitung *taz*: »Dieses zunächst nicht unsympathische Gemaule enthält zugleich die Unannehmlichkeiten der antideutschen Position. ›Es geht wieder los‹ verweist auf die Logik der Latenz, im Jubelfan schlummert die Barbarei. Und ohne empirischen Test wird dann gleich eine abgedichtete Volksgemeinschaft fantasiert, die sich ultrahomogen aus Nachkommen der Täter zusammensetzt.«

Was gut und warnend gemeint ist, verkehrt sich durch übersteigerte Simplifizierung ins Gegenteil, und im schlimmsten Fall kann durch solche Verkürzung einer Verharmlosung Vorschub geleistet werden. Wenn Hitler nämlich überall ist, in jeder Deutschlandfahne und in jedem Kilometer Autobahn, dann ist er letztlich nirgends. Zumindest wird echte Faschismuskritik durch solch generellen Hitler-Verdacht erschwert – weil berechtigte Mahnungen im Getöse der allgemeinen Paranoia kaum mehr auszumachen sind.

Auch der Hamburger Rapper und Reggae-Pop-Sänger Jan Delay hat sich an einer vertonten Faschismustheorie probiert. »Der böse Mann mit dem kleinen Bart ist noch gar nicht tot«, sang er 2001 in seinem Lied *www.hitler.de* zu schepperndem Reggaebeat und bediente sich dabei der gesamten Palette an Nazi- und Hitler-Klischees, allen voran die Autobahn: »Er baute uns jetzt auch noch 'ne Datenautobahn/ Wo uns aber nur seine Fahrkarte erlaubt zu fahr'n«

Solche vermeintlich aufgeklärten Adaptionen treiben Schindluder mit einem Thema, das eigentlich eine sensible Herangehensweise braucht und verdient. Wo jeder unliebsame Hinz und Kunz zum »Hitler« erklärt wird, hat die Geschichte ihren mahnenden Charakter verloren. Und so ist es dann vielleicht gar nicht mehr so verblüffend, dass viele Jahre später der US-amerikanische Rapper Phife Dawg, als Mitglied von A Tribe Called Quest bekannt geworden, sich selbst beziehungsweise Mut Ranks, sein Alter Ego, mit Hitler verglich – und prompt zu dem Ergebnis kam, kontroverser als dieser zu sein:

It's even colder, bitter
MC's get kicked right in they shitter…
more controversial than Adolf Hitler…

In ähnlicher Weise rappten die Berliner von K I Z im Jahr 2005 über ihre eigenen Ambitionen: »Irgendwann auf dem Cover des *Spiegel*, wie Adolf Hitler«. Was natürlich kein impliziter Hitler-Vergleich, sondern ein Seitenhieb auf die Praxis des Hamburger Nachrichtenmagazins war, das mit Titelgeschichten über Adolf Hitler oder andere Nazigrößen bis heute regelmäßig seinen Absatz steigert und deshalb dieses Genre gerne und häufig bedient.

Der *Hitler Rap* der New Yorker Comedygruppe Whitest Kids You Know lässt den »Führer« von den Toten auferstehen und zu Wort kommen. Die Geschichte des Tongue-in-Cheek-Comedy-Rap-Songs aus dem Jahr 2005 ist wie zumeist in diesem Genre absurd: Adolf Hitler ist zurück auf der Weltbühne und immer noch ein Bösewicht, diesmal allerdings als Gangsterrapper mit Autos, Frauen und Geld:

But it's the new millenium and the Führer has changed
And what I bet ya'll didn't know is now I'm down with the Jews!
The Gypsies, Homosexuals and Retards, too!
›Cause I stopped burnin' people, started burnin‹ CDs

Die restlichen Strophen folgen mehr oder weniger dem gleichen Muster: Hitler verübt nach eigener Aussage Völkermord am Mikrofon, bringt Frauen dazu, ihm die Worte »mein Kampf« ins Ohr zu stöhnen, steht bei Schindler auf der Gästeliste und fährt mit seinem Panzer in Begleitung von Anne Frank durch die Gegend. Was zunächst verstörend und geschmacklos daherkommt, will jedoch nicht den Holocaust verunglimpfen oder Nazigrößen verherrlichen: Auf den Arm genommen werden sollen die Insignien des Gangsterrap, für deren Klischees das Dritte Reich nur die Bilderwelt liefert ähnlich wie in Otto Waalkes *Hänsel und Gretel* die beiden Märchenfiguren auch nur deshalb durch die Popgeschichte marschieren, um zu zeigen, dass es geht. Bloß dass hier das Thema der Bildvorlage eben deutlich unverfänglicher ist. Menschen verbrennen und CDs brennen in einem Atemzug zu nennen, das bleibt gewöhnungsbedürftig.

Zwar sollte man nicht jeden Unsinn, den irgendein Rapper irgendwo auf der Suche nach noch unbenutzten Reimen und Bildern von sich gibt, auf die Goldwaage legen – aber es ist schon interessant, wie in wenigen Jahren und in wenigen popkulturellen Schritten aus einer historischen Person eine beinahe beliebige Metapher für allerlei Schreckliches werden konnte. Wenn man das Ganze dann noch mal dreht und wendet, kommt ein Titel heraus wie jener der amerikanischen Skate-Punk-Band Mr T Experience, in dem sich der Sänger in freundlichem, fast zuckersüßem Singsang über die Ungerechtigkeit des Weltenlaufs und die ausbleibende Zuneigung der Damenwelt beschwert – und dass es ihm in dieser Hinsicht schlechter ergeht als dem üblen Burschen Hitler.

Even Hitler had a girlfriend,
Who he could always call,
That would always be there for him
In spite of all his faults
He was the worst guy ever
reviled and despised,
Even Hitler had a girlfriend
So why can't I?

Eine Bewertung solchen Humbugs unter historischen Aspekten dürfte sich erübrigen. *Even Hitler Had a Girlfriend* ist nicht mehr als ein Herz-und-Weltschmerz-Song für Teenager, bei dem jeder noch so krude Vergleich herangezogen wird, um die Ungerechtigkeit der Liebe zu beschreiben.

Der Hitler »in einem« ist ein Bild, das sich erstaunlich selbstverständlich etabliert hat. Das vermutlich poetischste Beispiel hierfür hat Antony Hegarty, Sänger der New Yorker Band Antony and the Johnsons, auf dem Debütalbum der Gruppe geschrieben: »As I search for a piece of kindness/ And I find Hitler in my heart.«

Hitler in My Heart ist fragil und ausdrucksstark zugleich, ohne Frage ein Lied großer, wirklicher Emotionen. Was aber tut Hitler – als Metapher – im Herzen des Sängers? Welche extremen, ambivalenten Gefühle wollte Antony Hegarty mit seinem Text auf den Punkt bringen?

Zu vermuten steht, dass es sich bei diesem »Hitler im Herzen« um einen Zustand absoluter Unfähigkeit zu Empathie und positiven Emotionen handelt. Ähnlich bei Faith No More, einer Band von der man üblicherweise wenig mehr als den Hit *Easy* aus den Neunzigern kennt – auch hier findet Sänger Mike Patton beim Blick in sein Inneres Adolf Hitler, wenngleich völlig anders als bei Antony Hegarty, denn *Crack Hitler*, das Porträt eines Crackdealers, gibt sich düster, bedrohlich und überladen mit Pathos. Mike Patton raunt da: »Reachin' up to the top/Teach the world a lesson.« Es folgt ein düsterer Tempowechsel, Gitarrenriffs heulen, und Patton gröhlt: »I was like a Crack Hitler.«

Hitler und Crack, das erinnert schon fast an Walter Moers' Führercomic, in dem Goebbels und Hitler ab und an Crack rauchen und sich in irren Fantastereien ergehen – allerdings ist das bei Faith No More alles sehr, sehr ernst gemeint, wenngleich es wie bei den vorherigen Beispielen nicht um den historischen Hitler geht, sondern um eine krude Metapher für das Irre, Böse, Diktatorische.

Doch nicht überall, wo »Hitler« draufsteht, ist zwingend eine Metapher oder ein Geschichtsreferat drin. Oft genug wird die Hitler-Rezeption selbst thematisiert. Der aus Bald Salzuflen stammende und in Hamburg wohnende Liedermacher Bernd Begemann sang schon 1993 in seinem *Hitler, menschlich gesehen* über den Hitler in den Medien:

Denn die Quoten sind im Keller,
es ist längst nicht mehr schön
und der »Stern« gibt uns
»Hitler – menschlich gesehen«
Nazis überall und Nazis hier im Haus –
darf noch irgendjemand bleiben,
wenn sie rufen »Nazis raus«?

Ein unerschöpfliches Thema nicht nur für die Historiker und Zeitungsleute, sondern offenbar desgleichen für die Popkultur. Ob direkt oder indirekt, ob als konkrete Person oder Metapher – die Hitlers lassen sich nicht alle aufzählen.

Die meisten der Lieder sind bestenfalls gerade mittelmäßig, einige unsäglich, fast alle hantieren mit Klischees und Mythen. Das geht selten gut – eigentlich nur dann, wenn bewusst mit Klischees gespielt wird wie in *Tanz den Mussolini* von der Band Deutsch-Amerikanische Freundschaft (DAF) aus dem Jahre 1981. Im Text heißt es:

Dreh dich nach rechts
und klatsch in die Hände
Und mach den Adolf Hitler,
tanz den Adolf Hitler

Der »Mussolini«, der »Jesus Christus« und eben der »Adolf Hitler« sind nur noch Namensgeber für Tanzbewegungen – ähnlich dem »Macarena«- oder dem »Ketchup-Song«-Tanz, wie sie aus den mediterranen Urlaubsclubs bekannt sind. Was vor allen Dingen natürlich eine Provokation darstellt, jedoch eine überraschend treffsichere und smarte, denn schließlich bedienten sich die Nazis nicht ungern des Tanzes als Kunstform – man denke an die rhythmische Gymnastik der BDM-Mädchen in kurzen weißen Kleidchen, die zu Musik Keulen schwangen, an die immer gleichen Bewegungen von marschierenden HJ-Gruppen, an die Inszenierungen bei Parteitagen und bei der Eröffnung der Berliner Olympiade 1936.

Dass es zudem einige Schnittstellen zwischen Popkultur und Faschismus gibt, ist nicht komplett abwegig: Schließlich handelt es sich bei Woodstock, Rock am Ring und den pompös-feierlichen, groß angelegten Massenveranstaltungen der Nazis gleichermaßen um euphorisierte, perfekt organisierte Massenevents. Allerdings sollte man nicht sofort Faschismusalarm schlagen, bloß weil bei einem Großkonzert ein paar Zehntausend Menschen einer Band zujubeln, wie es der Kulturwissenschaftler Jürgen »Bazon« Brock in einem Interview mit dem Deutschlandradio getan hat. Brock sagte da anlässlich des 40. Jahrestags von Woodstock:

»Es war die Erfüllung einer Prophezeiung unseres Lehrers Theodor W. Adorno an der Frankfurter Uni, bei dem auch ich Ende der 50er-, Anfang der 60er-Jahre studiert habe. Und diese Prophezeiung hieß: Der Faschismus wird nicht wiederkehren in Gestalt brauner Schlägertrupps, die die Öffentlichkeit tyrannisieren, sondern er wird wiederkehren in Phänomenen der Massenkultur, demokratisch legitimiert, und das wird erst die Katastrophe bedeuten, die sich mit der faschistischen Barbarei bereits angedeutet hat, aber weiß Gott nicht auf ihrem Höhepunkt gewesen ist.«

Auf Nachfragen des Interviewers, ob man Woodstock damit als »Wurmfortsatz« des Faschismus sehen müsse, sagte Brock weiter: »Wenn sich Tausende junger Leute besinnungslos in einen Ausdruck kollektiver Ekstase integrieren lassen, sodass nur noch eine wimmelnde Masse von bewusstlosen, auf Musikakkorde reagierenden pawlowschen Hunde in Erscheinung trat, dann war das für uns – auch aus persönlicher Erfahrung, wir sind ja noch Kriegskinder gewesen – etwas wie der Schrecken der Barbarei schlechthin.«

Popkonzert und Party als faschistische Events – das ist allerdings grober Unfug. Denn Popmusik lebt neben dem Gruppenerlebnis seit jeher auch stark von Abgrenzung, Individualismus und Gegenkultur. »Mainstream der Minderheiten« nannte das Mitte der Neunziger ein von den Journalisten Tom Holert und Mark Terkessidis herausgegebener gleichnamiger Band zu »Pop in der Kontrollgesellschaft«.

Erstaunlich bleibt auf jeden Fall, in wie vielen Variationen Hitler auf den Bühnen des Pop auftritt. Die Begrenztheit der einzelnen Varianten springt ins Auge, und man mag sich durchaus fragen, ob es überhaupt ein tauglicher Versuch ist, das Dritte Reich mit Popmusik zu verbinden. Sicherlich eine Frage des Geschmacks und der jeweiligen Sensibilität. Verstörend ist jedoch, dass bei und nach all diesen Liedern über Hitler eigentlich so gar keine Moral mehr bleibt.

Adorno hat bereits all die Probleme gesehen, die Schreiben, Dichten und Singen über Auschwitz und Treblinka, über Erschießungen und »Aktionen« mit sich bringen würden, als er schrieb: »Über Auschwitz lässt sich nicht sprachlich gut schreiben; auf Differenziertheit ist zu verzichten, wenn man deren Regungen treu bleiben will, und doch fügt man mit dem Verzicht wiederum der allgemeinen Rückbildung sich ein.« Und genau da liegt das Problem fast all dieser Lieder, die sich direkt – wie Bob Geldof – oder indirekt – wie Antony and the Johnsons – mit Hitler, dem Dritten Reich und den begangenen Verbrechen befassen: Sie sind eigentlich alle wahnsinnig banal, verschroben emotional und unfreiwillig albern – weil es eben im Popformat, in radiotauglichen dreieinhalb Minuten nicht möglich ist, wirklich angemessen über diese Themen zu reflektieren. Als Songs müssen also alle Beiträge zum Hitler-Faschismus eigentlich zwangsläufig scheitern. Bleibt nur eine letzte Rechtfertigung: Wenn so ein Song dafür sorgt, dass sich ein Hörer mit dem Thema en detail beschäftigt, dann hat er seine Sache gut gemacht.

Lieder mit und über Hitler –
ein unvollständiger Überblick

Abwärts: *Hallo, ich heiße Adolf*
Anal Cunt: *Adolf Hitler Was a Sensitive Man*
Angry Samoans: *They Saved Hitler's Cock*
Antony and the Johnsons: *Hitler In My Heart*
Bernd Begemann: *Hitler, menschlich gesehen*
Carnivore: *Jesus Hitler*
Cockbirds: *Caroline Hitler*
Current 93: *Hitler as Kalki*
DAF: *Der Mussolini*
Dead Kennedys: *Nazi Punk Fuck off*
Die Ärzte: *Eva Braun*
Disturbed: *Never Again*
Eek-A-Mouse: *Mr Hitler*
Elvis Costello: *Two Little Hitlers*
Everything But the Girl: *Little Hitler*
Faith No More: *Crack Hitler*
FSK: *Hitler Lives*
Fuck: *George W. Hitler*
Hans Söllner: *Heil Hitler*
Iamerror: *I got dancing lessons from Hitler, and let me tell you, he is one classy fuck*

Jan Delay: *http://www.hitler.de*
Libertines: *Arbeit macht frei*
Mel Brooks: *The Hitler Rap (To Be or Not to Be)*
Nick Lowe: *Little Hitler*
Phife Dawg: *D.R.U.G.S.*
Piero Ciampi: *Hitler in Galera*
Public Enemy: *Hitler Day*
Remedy: *Never Again*
Samy Deluxe: *Dis wo ich herkomm*
Satanic Warmaster: *My Dreams of Hitler*
Terrorgruppe: *Adolf Hitler (Dem sein Bart)*
Terrorgruppe: *Russen Hitler*
The Boomtown Rats: *I Never Loved Eva Braun*
The Buttocks: *I Hate Hitler*
The Exploited: *Hitler's in the Charts Again*
The Mr T. Experience: *Even Hitler Had a Girlfriend*
The Residents: *Hitler Was a Vegetarian*
The Robot Ate Me: *Jesus and Hitler*
The Valves: *For Adolf's Only*
The Vandals: *Hitler Bad, Vandals Good (Album)*
The Whitest Kids You Know: *Hitler Rap*
Thee Headcoats: *Where Are the Children That Hitler Kissed?*
Tommy Handley: *A Very Little Nazi*

VI. Kunst und Holocaust: »Ich kann beim besten Willen kein Hakenkreuz erkennen«

In einem großen Saal mit hohen weißen Wänden kniet ein Männchen, vielleicht noch ein Bub. Die Haare sind recht akkurat geschnitten, der Rücken ist stramm durchgedrückt, den Kopf hält er aufrecht. Der kleine Mann betet. Es ist Adolf Hitler. Ein wenig kleiner, als man erwarten würde, aber er schaut so grimmig und entschlossen, so trotzig und kindisch und stolz, wie man Hitler aus der bekannten Porträtserie seines Fotografen Heinrich Hoffmann kennt.

Dass Hitler hier nicht zetert, sondern stumm betet, dass er nicht agitiert, sondern kniet und die Hände gefaltet hält – nun, das liegt vor allem daran, dass er aus Wachs ist, ein Kunstwerk des Italieners Maurizio Cattelan mit dem Titel *Him* aus dem Jahr 2001. Wie jedes gute Kunstwerk wirft auch dieses

Fragen auf. Vor allem natürlich: Was will der Künstler damit sagen? Was in Herrgotts Namen macht Hitler da? Und warum?

Ja, was macht er wohl? Irritieren natürlich, verstören, ärgern und aufrütteln, wie interessante Kunst das im besten Fall eben tut. Eine Kunst, wie sie der Italiener mit Vorliebe betreibt. Maurizio Cattelan, schrieb die *Süddeutsche Zeitung* einmal, gelte im Kunstbetrieb als »Clown, Hofnarr, Schalk, Scharlatan und Populist« und als Mann für den gepflegten Skandal. Als Künstler, der Tod und Teufel und umstrittene Figuren der Zeitgeschichte in irritierenden Posen zeige, um Aufregung zu garantieren. Schon 1999 hatte er für Furore gesorgt mit einer Installation, die den am Boden liegenden Papst Johannes Paul II. zeigte – niedergestreckt von einem Meteor.

Dass es dem 1960 geborenen Cattelan nicht allein um den Skandal ging und geht und dass er durchaus ein Gespür für die Subtilitäten und Nuancen des Themas hat, das bewies er mit einem weiteren Werk zum gleichen Thema, das drei lebensecht aussehende, aus der Wand ragende Arme samt Hemd und Jackettärmel zeigte, scheinbar hochgereckt zum Hitler-Gruß. Doch nur auf den ersten Blick, denn es handelt sich eben nicht um drei eingemauerte Nazis oder abgetrennte Arme und auch nicht eindeutig um den Hitler-Gruß. Cattelans Werk nämlich trägt den Titel *Ave Maria,* und so könnte die ausgestreckte Hand genauso gut als sogenannter »englischer Gruß« des Erzengels Gabriel, der Maria die Geburt Jesu verkündet, gedeutet werden. Aus dem Hitler-Gruß würde dann ein Segen, aus der bedrohlichen Geste ein Zeichen des Schutzes. Cattelans Kunst findet, wenn man so will, eben in den Köpfen und Gefühlen der Betrachter statt und schlägt sich in den Diskussionen nieder, die sich an seinen Werken entzünden. Und im besten Fall schärft sie den Blick des Betrachters – weil bei ihm die Dinge selten das sind, was sie zu sein vorgeben.

Dementsprechend heftig sind bisweilen die Diskussionen. So auch über Cattelans Meisterwerk, den betenden Hitler. Dass dieser Mann etwas zu sagen hat, ist augenscheinlich – worin genau die Botschaft jedoch bestehen könnte, darüber wurde gestritten. Axel Hecht, damals Chefredakteur des Kunstmagazins *Art*, fragte im Vorwort einer Ausgabe, die eben dieses Werk auf dem Cover hatte: »Kniet Hitler trotzig vor seinem Richter? Bereut der Diktator, von später Einsicht getrieben, das von ihm angerichtete Inferno? Bezieht sich das Werk etwa generationsübergreifend auf die Trauerarbeit des Bundeskanzlers Willy Brandt, der bei seinem Polen-Besuch 1970 vor dem Mahnmal im ehemaligen Warschauer Getto kniete, um seine Scham über den Völkermord zu demonstrieren?«

Cattelans düsterer und durchaus auch ein wenig unheimlicher Hitler löste einen Sturm der Empörung aus. Doch muss man Cattelan zugute halten, dass kaum jemals ein Kunstwerk mit Hitler-Bezug so simpel und gleichzeitig so verstörend wirkte und darüber hinaus so richtige und wichtige Fragen aufwarf. Fragen, die zwar vordergründig um Hitler kreisen, aber letztlich – worauf der Titel gleichermaßen dezent wie genial hinweist – auf den Betrachter zielen: Wie wollen wir mit *ihm* umgehen? Was werfen wir uns vor, was *ihm*? Und: Wie stehen wir zu *ihm*, dem Unaussprechlichen, der hier vor uns kniet – und so gar nicht überdimensioniert präsentiert wird wie sonst üblich?

Ganz grundsätzlich: Wenn der Zweck der Wissenschaft Erkenntnis ist, Vermittlung der Sinn von Sachbüchern und Empathie die Aufgabe von Romanen und Filmen – was ist dann die Funktion von Kunst? Den Finger in offene Wunden legen? Etwas infrage stellen oder hinterfragen, wie Cattelan das zweifellos tut?

Immer wieder haben sich Künstler dem Topos Hitler und dem Dritten Reich genähert und immer wieder, eigentlich jedes Mal, gab es einen Aufschrei der Empörung, vollkommen unabhängig von Idee, Intention und Qualität des Werkes. Sehr oft ist diese Annäherung schlicht missverstanden worden, manches Mal wurden Geschichte und Politik tatsächlich zum Spielzeug des Gruselns, wenn Künstler auf die Schrecken des Holocaust und des Dritten Reiches zurückgehende Albträume zum Gegenstand ihrer

Kunst machten. Dennoch: Eine der nachdenklich stimmenden Wahrheiten, die dabei zutage traten, besteht darin, dass Erkenntnis und Wissen, Einsicht und Empathie im Allgemeinen nur dann angenommen und verarbeitet werden, wenn sie in möglichst homöopathischen Dosen verabreicht werden.

Kaum jemand mag die Geschichte in ihrer ganzen Grausamkeit vorgesetzt bekommen: Millionen Kriegstote und Opfer von Hitlers Rassenwahn. Allein der Gedanke ist ein Albtraum. Weshalb man also Filme wie *Schindlers Liste*, *Das Leben ist schön* oder auch den *Untergang* dreht, die zwar den Schrecken vor Augen führen, aber doch so, dass man nicht aufspringt und aus dem Kino rennt. Weil nämlich auch Holocaust und Drittes Reich für die Unterhaltungsindustrie letztlich »Produkte« geworden sind, die »verkauft« werden sollen, müssen sie dem »Konsumenten« mundgerecht dargeboten werden.

Dass diese Logik des Marktes der einzig gangbare Weg zu sein scheint, dass gerade bei einem derart mit Leid und Schuld, mit Schmerz und Gewalt besetzten Thema die Banalität der alleinige Weg zum Verständnis des Bösen sein soll – das kann einen bisweilen schon in Rage geraten lassen. Ähnliche Überlegungen mögen den 1959 geborenen polnischen Künstler Zbigniew Libera veranlasst haben, 1997 ein KZ aus Lego-Steinen zu konzipieren. Während die einen Auschwitz lieber ganz oder weitgehend ausblenden, durchbricht er das Tabu mit Spielzeugskeletten und Stacheldraht, mit Lagerbaracken, Wachtürmen und Krematorien aus Steinchen, die die Firma Lego in Unkenntnis des Verwendungszwecks eigens zur Verfügung gestellt hatte.

Libera baute nicht nur ein Lager, er stellte auch diverse KZ-Szenen nach, fotografierte sie und bastelte zu dem imaginären Lego-KZ Pakete, die er ausstellte. Ja: Dieser im Lego-Sortiment natürlich nicht existente Bausatz ist garstig und widerlich. Ja: Diese Kunst ist geschmacklos und wenig demütig gegenüber der Geschichte und ihren Opfern. Aber genau darin liegt zugleich ihre große Qualität, ihre Aussage, ihre Kunst.

Selbstverständlich entbrannte eine Vielzahl von Kontroversen: zuerst 1997 bei der Biennale in Venedig, dann 2002 anlässlich einer Ausstellung im Jüdischen Museum in New York, die unter dem Titel *Mirroring Evil: Nazi Imagery/Recent Art* stand und überhaupt sehr bemerkenswert war. Dazu ein großer Erfolg, hinsichtlich des Aufmerksamkeitsfaktors, denn der Skandal war immens, und das nicht ganz zufällig. Norman Kleeblatt, der Kurator der Ausstellung, hatte nämlich 13 junge Künstler eingeladen, sich am Holocaust abzuarbeiten. Und genau das taten sie.

Der Deutsche Rudolf Herz etwa tapezierte die Wände mit Porträts Adolf Hitlers und des französischen Malers und Objektkünstlers Marcel Duchamp; Tom Sachs zeigte Zyklon-B-Dosen mit Chanel- und Hermes-Logo; und Alan Schechner, ein britischer Internetkünstler israelischer Abstammung, montierte sich selbst samt einer Dose Diätcola zwischen die ausgemergelten, befreiten Häftlinge des Konzentrationslagers in Buchenwald. Der Titel des Kunstwerk: *It's the Real Thing – Selbstporträt in Buchenwald.*

Außerdem zu sehen war *Hitlers Kabinett* von Micha Kubail, ein großes, auf dem Boden liegendes Kreuz aus Holz, aus dessen vier Armen in Intervallen die Projektion einer Flamme leuchtete, sodass das Kreuz im halbdunklen Raum zur Swastika wurde. Und natürlich war auch Maurizio Cattelan vertreten.

Kaum überraschend nannte Menachem Rosensaft vom Aufsichtsrat des Washingtoner Holocaust Memorial Museum die Ausstellung »geschmacklos und moralisch abstoßend« und forderte einen Boykott, dem sich ganze 70 Gruppen von Holocaustopfern anschlossen. Zwar war diese Kontroverse nicht kalkuliert gewesen, doch die Vertreter der Überlebenden nahmen exakt die Rollen ein, die Kurator und Künstler ihnen quasi zugewiesen hatten. Alan Schechner er-

klärte prompt, sein Werk sei ja tatsächlich »als Beleidigung gemeint. Ich will zeigen, wie mit dem Holocaust Manipulation betrieben wird.«

Der amerikanische Kulturwissenschaftler James Young, der später das Buch *At Memory's Edge: After-images of the Holocaust in Contemporary Art and Architecture* veröffentlichte, schrieb damals über die Ausstellung, sie verwehre dem Betrachter den leichten Ausweg der Identifikation mit den Opfern und erzwinge eine Konfrontation mit den »Gesichtern des Bösen«. Das kann man glauben und gut finden, muss man aber nicht. Denn um den Holocaust geht es, bei genauerer Betrachtung, nur vordergründig. Vielmehr, schrieb der Journalist Jörg Lau damals in der *Zeit* (12/2002), seien die Exponate nicht zuletzt deshalb auf den Skandal ausgelegt, weil sie Ausdruck eines Konflikts zwischen verschiedenen Generationen in den Familien der Holocaustüberlebenden seien: »Viele der Beteiligten, so auch Schechner und Kleeblatt, entstammen Familien, die ihre Angehörigen in den Vernichtungslagern verloren haben. Man lasse sich nicht einreden, am Lego-KZ seien tatsächlich Einsichten über den NS-Staat zu gewinnen. Es geht eher um eine infantile Rebellion gegen das Allerheiligste der Familientradition und gegen die eigenen Schuldgefühle.«

Diese Anmerkung ist natürlich richtig, aber es greift doch zu kurz, diese rabiate Kunst einfach als infantil abzutun. Die Erben- und Enkelgeneration, die mit den Tabus und Wunden der Ahnen aufgewachsen ist, weiß schließlich am besten, welches Trauma sie wie zu verarbeiten beabsichtigt. Kunst zu Holocaust und Hitler nur dann zu rechtfertigen, wenn sich durch sie Einsichten über den

NS-Staat gewinnen lassen, das kann nicht der Anspruch von Kunst sein – und das war er auch nie. Von Anfang an nicht und auch nicht in diesem Themenfeld.

Dabei ist es, wenngleich schwierig, nicht unmöglich den Holocaust beziehungsweise das damit verbundene Tabu mit den Mitteln der Kunst anzugehen. Dass dem Sujet mit etwas Distanz sogar souverän und humorvoll begegnet werden kann, zeigte 2008 eine Kunstschau in London: In der White Cube Galerie 13 präsentierten die durchaus auf Krawall gebürsteten Brüder Jake und Dinos Chapman – neben Damien Hirst Stars der jungen britischen Kunst – nazideutsche Massakerszenarien, an deren Rand Adolf Hitler Aquarelle malt – alles en miniature. Mit *Fucking Hell* widmeten sich die Chapmans bereits zum zweiten Mal dem Thema »Konzentrationslager« – das erste Werk, *Hell*, war ausgerechnet bei einem Brand zerstört worden.

Doch dies war nicht einmal der Höhepunkt der Ausstellung, die unter dem ebenso zutreffenden wie bitterkomischen Motto stand:.»If Hitler Had Been a Hippy How Happy Would We Be.« Für umgerechnet rund 147 000 Euro hatten die Brüder Chapman Originalaquarelle aus der künstlerischen Hinterlassenschaft Hitlers erworben und bearbeitet. Ein Bild der Wiener Karlskirche wurde etwa mit einer psychedelisch leuchtenden Sonne und eine Blumenstudie mit Sternchen verziert, während in Landschaftsbilder Regenbögen montiert wurden. »Wir haben sie verschönert«, erklärte Jake Chapman in einem Interview. Der Wert der zu Ausmalmotiven degradierten Hit-

ler-Bilder stieg innerhalb kürzester Zeit auf das Sechsfache dessen, was die Chapmans bezahlt hatten.

Aber natürlich ist Hitler nicht erst in jüngster Vergangenheit zum Gegenstand der Kunst geworden. Die Collagen des Berliner Künstlers John Heartfield datieren teilweise bereits aus der Vorkriegszeit und waren nicht nur politisch hellsichtig und inhaltlich stimmig, sondern ebenfalls ästhetisch bemerkenswert: Hitler schrumpfte hier zum gemeinen Zwerg, zu einem den Vorgarten sprengenden Spießer. Sein fleißiges Begießen der deutschen Eiche, zu sehen auf der Montage aus den Dreißigerjahren, bewirkt, dass neben Helmen mit Hakenkreuz auch wilhelminische Pickelhauben zum Sprießen gebracht werden. Eine Anspielung darauf, dass der Nationalsozialismus seinem Wesen nach tief in deutschen Traditionen wurzelte, deren völkisch-konservative Tendenzen ihm seit der Romantik den Boden bereitet hatten.

MASTERPIECES OF POLITICAL ART
The German oak 1944
This montage shows Hitler wearing the roots of an oak tree which bears a fruit of shells and iron helmets marked with the swastika.

Otto Dix ließ ebenfalls früh nichts an Deutlichkeit zu wünschen übrig: Sein *Triumph des Todes* aus dem Jahr 1934 zeigt ein gekröntes Skelett im purpurroten Samtmantel, eine Sense gegen einen Wehrmachtssoldaten schwingend, zu seinen Füßen eine arme Bäuerin und ein verwahrloster Bürger. Beinahe unbeteiligt stehen Botticellis Venus sowie ein junger Mann am Rand des Bildes, beide ebenso ahnungs- wie wehrlos. Die Wehrmacht als Mörder, das Volk unter der Sichel des Todes – Dix' Ahnung war schon sehr richtig.

Andere taten sich schwerer. »Ich bin ja kein wissenschaftlicher Marxist«, schrieb George Grosz etwa an Wieland Herzfelde, den Bruder John Heartfields, »kann mir also kein ›klares‹ Bild machen – mein Bild ist düster, trübe, und der Himmel schwarz.« Erst 1944 vollendete Grosz in den USA sein eindrucksvolles Ölbild *Kain oder Hitler in der Hölle*. Da sitzt also ein ermatteter Hitler

im Höllenfeuer, in einem Inferno Danteschen Ausmaßes, und kühlt sich die Stirn, während aus dem Morast Dutzende kleiner Skelette an seinem Bein emporzukrabbeln versuchen. Der Kern des Dritten Reiches, das Wesen und die Rolle Hitlers sind vermutlich nie vorher und nie später wieder so treffend mit den Mitteln der Kunst beschrieben worden wie von Grosz. Trotz seiner langen Selbstzweifel. Dass er nicht »klar«, sondern »schwarz« sah, erwies sich im Nachhinein nicht als Dilemma, sondern als einzig mögliche Darstellung.

Nach dem Ende des Dritten Reiches gab es vor allem in Deutschland vielfache Versuche, sich dem eigenen politischen und moralischen Erbe mit den Mitteln der Kunst

zu nähern. Baselitz, Kiefer, Beuys, Kippenberger, Oehlen, Schlingensief und Meese: Sie alle haben sich, wenn auch auf sehr unterschiedliche Weise, mit ihrem schwierigen Erbe auseinandergesetzt. Mit den Vätern, den Eltern, dem Nazismus, seinen Symbolen und Mythen. Und natürlich mit Hitler persönlich.

Etwa Anselm Kiefer, heute ein vielfach ausgezeichneter Maler. 1945 in den letzten Kriegswochen geboren, bekam er in den Sechzigern eine Schallplatte mit Reden Adolf Hitlers zu hören – »und war schockiert«, wie das Kunstmagazin *Art* schrieb (22. 5. 2008). Weil er sich nun plötzlich vorstellen konnte, weshalb die Eltern- und Großelterngeneration auf den Demagogen Hitler hereingefallen war. Und vielleicht auch weil er merkte, dass die Reden ihn – gegen seine Werte und seinen Willen – auf einer unbewussten Ebene ansprachen. Was also tun? Kiefer packte eine Uniform, die er auf dem Dachboden seiner Eltern gefunden hatte, reiste mit dieser durch Europa und vollzog mit der Kamera, wie er das nannte, »Besetzungen« unterschiedlicher Orte. Unter anderem einen Strand am Mittelmeer, ein Alpenpanorama, den Thron Pius XII., also jenes Papstes, der seinerzeit zur Entrechtung der Juden und zum Völkermord geschwiegen hatte.

Auf Grundlage dieser Fotografien entstanden später insgesamt acht Gemälde, die Kiefer *Heroische Sinnbilder* nannte. Sie zeigen den Künstler als jungen, langhaarigen und bärtigen Mann, der dem Bildbetrachter vor den verschiedenen Hintergründen den Hitler-Gruß erweist. In schlichten, kühlen Gemälden war nun dort, wo 30 Jahre zuvor die Vorfahren in ähnlicher Pose und Uniform gestanden hatten, ein Nachgeborener auf Selbsterkundungsfahrt durch Europa zu sehen, um das eigene Verhältnis zum Nationalsozialismus zu ergründen.

Kiefer war nicht der Einzige. Auch der nicht minder

renommierte, sieben Jahre ältere Georg Baselitz begab sich auf seine ganz persönliche Suche nach dem Hitler in sich. Was nicht ohne Einfluss auf sein Werk blieb, in dem mehrfach Hitler aufblitzt. So zum Beispiel sein *Modell für eine Skulptur* von 1979, die der *Focus* in einem Interview mit dem Künstler einmal als »beinlose Hitler-Figur« bezeichnete (*Magazin* 47/ 2009). Aber auch bei dem 2005 entstandenen »Remix« seines vielleicht bekanntesten Werkes *Die große Nacht im Eimer*, schon im Original ein Skandal, da es einen kleinen Mann mit überdimensioniertem Penis bei der Masturbation zeigte, schimmerte Hitler durch. Die *FAZ* schrieb: »Baselitz verschob darob das Remix [sic!] mit stärker herausgearbeitetem Hitlerschnauzer in Richtung Karikatur« (7. 8. 2006).

Komisch sollte das nicht sein, gar nicht, wie der Katalog zur Ausstellung von Baselitz' »Remix«-Bildern klarstellte: »Die eindeutige, schwüle Gegenständlichkeit in ihren schmutzigen, unappetitlichen Farben schien kaum verdaubar, als die abstoßende Erscheinung des obszönen kindlichen Zwerges wirkte wie ein lebender Vorwurf an eine Gesellschaft, der die Verdrängung von Geschichte zur selbstverständlichen Realität geworden war.«

Aber nicht allein die schwierige Vielschichtigkeit der Gesellschaft im Umgang mit Hitler wollte Baselitz zeigen, auch der eigene Umgang sollte Thema sein, wie im Ausstellungskatalog weiter ausgeführt wurde: »Die jetzt durch Frisur und Oberlippenbart eindeutige Verbindung zur Physiognomie Hitlers trägt ein Übriges zur gerade dadurch verstörenden Neudefinition des traumatischen frühen Bildes bei. Die historischen und biografischen Schichten, die sich zu einem ebenso ephemeren wie in der

Konnotation klaren Gebilde fügen, bleiben hier, so könnte man folgern, als deutliche Schatten präsent.«

Die Wirkung dieses Schattens ist, gerade für die Generation der wie Baselitz direkt biografisch von Krieg und Hitler Betroffenen, zwangsläufig emotional und persönlich. Baselitz selbst hat betont, dass sein Zugang zu Hitler ein sehr persönlicher sei, weniger eine intellektuelle als eine unbewusst emotionale Auseinandersetzung also, sondern zudem weniger mit der historischen Person und mehr mit deren Folgen für die Nachwelt zu tun habe: »Diese Stoffe entsprechen ja Neurosen, das sind ja Belastungen... Meine Frau und ich reden jeden Abend über den Krieg, über die Nazizeit, das ist unser Thema. Das kann man nicht vergessen, nicht verlieren« (*Profil online*, 13. 1. 2007).

Der Hinweis auf die Neurosen ist interessant, denn eigentlich scheint bei allen deutschen Künstlern die Beschäftigung mit dem deutschen Faschismus aus einem zutiefst verstörten Bauchgefühl zu kommen. Überhaupt: Die Neurosen und das Trauma der Deutschen – sie sind das eigentliche Thema aller deutschen Nachkriegskunst. Als die Japan Art Association Anselm Kiefer 1999 für sein Lebenswerk auszeichnete, lobte sie explizit die Gestaltung des deutschen Pavillons, den Kiefer unter dem Thema »Verbrennen, verholzen, versenken, versanden« auf der Biennale in Venedig fast 20 Jahre zuvor gestaltet hatte: »Eine komplexe kritische Beschäftigung mit der Geschichte durchzieht Anselm Kiefers Arbeit. Seine Bilder sowie die Skulpturen von Georg Baselitz verursachten bei der Biennale von Venedig im Jahre 1980 einen Aufruhr:

die Betrachter mussten entscheiden, ob die scheinbar nationalsozialistischen Motive ironisch gemeint waren oder ob damit faschistoide Ideen transportiert werden sollten. Kiefer arbeitete in der Überzeugung, dass die Kunst einer traumatisierten Nation und einer irritierten, geteilten Welt Heilung bringen könnte.«

Noch deutlicher findet sich diese seltsam gefühlige, assoziative und stark mystische, dabei vollkommen auf die eigene Befindlichkeit fokussierte Auseinandersetzung mit dem Dritten Reich bei Joseph Beuys. Und das, obwohl dieser – im Gegensatz zu Kiefer und Baselitz – der älteren Generation, also der der Täter, angehörte. Beuys, 1888 geboren, nahm als Kampfflieger der Wehrmacht am Zweiten Weltkrieg teil und erzählte zeit seines Lebens, wie ihn Tataren nach einem Flugzeugabsturz auf der Krim mit Fett und Filz das Leben gerettet hätten. Der Legende nach verwendete der Künstler später genau deshalb diese beiden Materialien bevorzugt für seine Arbeiten. Beuys, der – wie es der schweizerische Kunsthistoriker Beat Wyss einmal formulierte – »wie ein Fisch im Wasser des braunen Zeitgeistes« geschwommen sei (*taz*, 25. 10. 2008), ausgerechnet dieser Beuys kompilierte ab 1956 über zehn Jahre eine sogenannte »Auschwitz-Vitrine«, die schäbige, ästhetisch an die Kriegszeit erinnernde Haushaltsgegenstände versammelte: eine Kochplatte, Emailletöpfe, eine Schwarz-Weiß-Fotografie und Fettbriketts. Ein Abbild der Verrottung und des Zerfalls der bürgerlichen Welt, deren Entwicklung zum Ekelhaften bereits abzusehen war. Ein Sammelsurium des Bekannten und Banalen, aber in einem erschreckenden Zustand. Mit dem Titel setzte Beuys, ähnlich wie Adorno, Auschwitz als pars pro toto für die von den Deutschen und ihren Helfershelfern begangenen Gräueltaten.

Wieweit sich Beuys, der Anthroposoph, der stets mit der Ästhetik und Symbolik seiner Kriegserlebnisse und der des Dritten Reiches spielte, für das tatsächliche Geschehen interessierte, ist strittig. Einerseits repräsentierten die Gegenstände in der »Auschwitz-Vitrine« die medizinischen Experimente im KZ, die Unmenschlichkeit und den Massenmord. Anderseits erklärte Beuys zu einem von ihm bei einem internationalen Wettbewerb eingereichten Entwurf für ein Auschwitz-Denkmal in den späten Fünfzigern: »Nach meinem Verständnis sind diese Arbeiten nicht entstanden, um die Katastrophe darzustellen, obwohl die Erfahrung der Katastrophe sicherlich zu meiner bewussten Haltung beigetragen hat. Aber ich wollte sie nicht illustrieren, noch nicht einmal als ich den Werktitel ›Konzentrationslager Essen‹ wählte. Der Titel sollte nicht die Ereignisse eines Lagers darstellen, sondern das Wesen und die Bedeutung der Katastrophe. Ich meine zum Beispiel, dass wir heute Auschwitz in seiner zeitgenössischen Ausprägung erleben.«

»Auschwitz in seiner zeitgenössischen Ausprägung«, das ist für eine Formulierung von 1987 über einen rund drei Jahrzehnte alten Entwurf schon verblüffend unsensibel. Ist das nachvollziehbar, dass Auschwitz für Beuys, den ehemaligen Wehrmachtssoldaten, bereits nicht mehr für konkretes Leid mit konkreten Opfern steht, sondern als verallgemeinerbare Metapher verwendet wird? Es stellt sich eher die Frage, ob Beuys nicht auf diese Weise das tatsächliche Auschwitz im Bewusstsein jener Zeit vernebelte.

Allerdings, das wiederum muss man Beuys zugute halten, setzte er sich als einer der wenigen öffentlich mit seiner Rolle als Rädchen im System der NSDAP auseinander. »Dass Beuys seine körperlichen und seelischen Verletzungen, auch seine Anpassung in der Nazizeit wie kaum ein anderer seiner Generation thematisiert hat, macht ihn zur hiesigen Ausnahmegestalt«, schrieb Künstlerkollege Wolfgang Müller im Oktober 2008 in der *taz*. Das mache ihn »sehr viel sympathischer als die Wendehälse, die sich nach 1945 zu Opfern und Widerstandskämpfern stilisierten«.

Nicht alle wollten Beuys schon dafür loben. Andere, darunter der in Harvard lehrende deutsche Kunsthistoriker Benjamin Buchloh, kritisierten Beuys für seine undurchsichtige Haltung. Beuys habe sich, schrieb Buchloh, wie die Deutschen generell mit seinen Erinnerungen an das

Dritte Reich entsprechend den »Notwendigkeiten und Interessen der neurotischen Konditionen« arrangiert.

Zweifellos war es für die Generation der Zeitzeugen ein Problem, die Existenz solcher neurotischen Konditionen und Traumata anzuerkennen, ohne regelrecht in diesen Gefühlen zu baden. So auch für Jörg Immendorff. In dessen berühmter, 16 großformatige Bilder umfassender Serie *Café Deutschland* sieht man Hitler als große, düstere Gestalt im Hintergrund.

Hitler schwebt bei Immendorff über allem, sein Blick reicht weit in die Zukunft. Man kann das durchaus symptomatisch finden – vor allem für die Generation des 1945 geborenen Immendorff. Nicht die Gegenwart Hitlers, die mit Hitler einhergehende Gravitas ist generationstypisch. »Das große Unglück unserer Geschichte ist so belastend, auch für die nachfolgende Generation, dass ich nicht finde, dass man mit diesem Stoff leichtfertig kokettieren sollte«, erklärte Georg Baselitz in einem Interview (*Welt online*, 25. 6. 2010).

Während für die Älteren unter den deutschen Künstlern die eigene Erfahrung und die eigene Gefühlswelt den Ausgangspunkt für ihre bisweilen mystische und immer vorsichtige Kunst bildeten, suchten die Jüngeren merklich nach Distanz zu den Tabus und Traumata, die nicht mehr ihre eigenen waren und die man durchaus zum Gegenstand von Spott machen konnte.

Allen voran gilt das für die »jungen Wilden« Martin Kippenberger und Albert Oehlen, die die bildungsbürgerliche Erinnerungskultur quasi frontal attackierten. Was Punk für die Musik, das waren diese beiden für die deutsche Nachkriegskunst. 1984 nannte Kippenberger eines seiner Bilder *H H I F*, ausgeschrieben: *Heil Hitler Ihr Fetischisten*. Ein anderes: *Ich kann beim besten Willen kein Hakenkreuz erkennen.*

Dieser gleichermaßen geniale wie hintersinnige Titel spielte zum einen auf die Verlogenheit der Aufarbeitung und zum anderen auf das vermutete Fehlen an ehrlichem Willen an, der vordergründig jedoch allenthalben behauptet wird. Solch substanzielle Kritik am bisherigen verdruckst-verlogenen Umgang mit dem Dritten Reich zu äußern und gleichzeitig mit Schmackes und Humor den Befreiungsschlag zu wagen, das war nicht nur Kunst, sondern auch ein Kunststück. Dazu gehörte, dass Oehlen und Kippenberger wie viele andere ihrer Generation, sich nicht mehr an Hitler, dem Menschen, oder am realen Dritten Reich abarbeiteten, sondern an den jeweiligen Mythen.

Besonders offensichtlich wird dies bei Kippenbergers Installation *Tankstelle Martin Bormann*. Als Grundlage dienten ihm Fotografien einer während einer Brasilienreise 1985/86 aufgenommenen zerfallenen Tankstelle, die er in seiner Installation zum Besitz von Martin Bormann erklärte, Hitlers ehemaligem Privatsekretär. Kippenberger *erfand* diese Geschichte nicht, er *fand*, verwandte und verwandelte sie. Viele Deutsche glaubten ja tatsächlich, Bormann, dessen sterbliche Überreste lange unentdeckt geblieben waren, sei nicht wie behauptet 1945 bei der Flucht aus Berlin ums Leben gekommen, sondern wie andere NS-Verbrecher nach Südamerika geflohen. Das Gerücht erwies sich als äußerst virulent. Kippenberger griff dies auf und wies dem einst mächtigen Nazi, der in Nürnberg in Abwesenheit zum Tode verurteilt wurde, einen neuen Wirkungskreis zu: an einer ärmlichen lateinamerikanischen Tankstelle.

Auch Albert Oehlens Interesse gilt dem Mythos Hitler. Sein *Portrait AH* leuchtet in knallig bunten Farben, als gehöre es in eine Reihe mit Andy Warhols Pop-Art-Ikonen. Aber das 1984 entstandene Werk ist nicht einfach eine Referenz an diese, sondern will mehr. »Das Bild lebt aus dem Doppelsinn von Verherrlichung und Kritik«, schrieb die Kunsthistorikerin Cornelia Gockel in ihrer überhaupt sehr lesenswerten Abhandlung *Zeige deine Wunde – Faschismusrezeption in der deutschen Gegenwartskunst*. Und weiter: »Es bezieht seine Wirkung aus der scheinbar gelungenen Farbharmonie in Kombination mit dem provokanten Motiv. Durch die Verbindung des klassischen Kanons aus Primärfarben mit einem negativ besetzten Sujet werden die bürgerlichen Wertmaßstäbe für die Kunst ironisch infrage gestellt.« Anders formuliert: Das Bild ist gut gemacht, der Gezeigte aber ist nach allen moralischen Maßstäben schlecht. Und zudem ist *Portrait AH* auch noch all das, was sich die zeitgenössische Hitler-Darstellung in der Regel nicht traut: laut, knallbunt, eindeutig und farbenfroh. Aus diesen Widersprüchen entsteht natürlich ein gewisser Reiz: »Oehlens Hitler-Porträt ist ungefähr so subtil wie eine Handgranate«, lobte der amerikanische Kurator Hamza Walker 1995 anlässlich einer Ausstellung in Chicago, und fast schon belustigt schlussfolgert Cornelia Gockel: »Durch die konsequente Anwendung der Primärfarben verwandelt sich Hitler vom dunkelhaarigen Österreicher in einen blonden Arier.« Dass Oehlen Hitler außerdem in verschissener Unterhose zeigte, ließ den

Diktator nur noch als erbärmlich und schmutzig erscheinen – und eben als kein bisschen respektabel mehr oder Furcht einflößend.

Diesen Wandel der Sichtweise markierte ebenfalls das 1985 entstandene Oehlen-Bild *Adolf-Hitler-Brücke, Krefeld*. Es zeigt ein Bauwerk aus großdeutscher Zeit, das anders als sein Name und der Namensgeber, den Krieg überlebte und noch heute genutzt wird. Dabei schwingt die Botschaft mit, dass sich Namen ändern, die Substanz aber bleibt. Wie bei Beuys ist die Beschäftigung mit den Symbolen des Dritten Reiches auch bei Oehlen jedoch zumindest teilweise ein Vehikel, um den Zeitgeist zu kritisieren: »Die Primärfarben, die Oehlen auch bei seinem Hitler-Porträt dieser Zeit einsetzt, Farbsignal der Avantgarde in Rot, Gelb und Blau«, schrieb der Kurator Veit Loers 2006 anlässlich einer Ausstellung im Kunstraum Grässlin in St. Georgen, »lassen die Fußgängerbrücke gespenstisch aufleuchten, um nicht vergessen zu lassen, dass die Avantgarde ursprünglich ein militärischer Begriff war und der Faschismus mit progressiven Vorzeichen startete.«

Leicht, gar leichtfertig und frei von der Last der Vergangenheit wirkt dies nur auf den allerersten Blick. Auf Oehlens *Zimmer mit ›Ö‹*, schrieb Loers weiter, »lastet der dunkle Schatten kollektiver Erinnerung noch intensiver. Ein grüner Vorhang, eine Büste auf Sockel, Hitler ähnlich, vielleicht der Maler selbst, und im Vordergrund ein Eisenbett mit darüber gebreitetem rotem Ö als eine Art Bettvorleger. Ö wie Oehlen? Oder die Vereinfachung des beuysschen Hirschrufs öö als Urlaut?«

Wenngleich Kippenberger und Oehlen nicht die Ersten waren, die den Umgang der Deutschen mit ihrer Vergangenheit kritisch unter die Lupe nahmen, so waren sie zweifelsfrei die Respektlosesten. Statt Hitler und der Nazizeit neurotisch die Ehre zu erweisen, machten sie Hitler, seinen Mythos und den anhaltenden Respekt vieler Deutscher zur Zielscheibe ihres Spotts. Wofür speziell Martin Kippenberger nicht nur Beifall erntete. 1989 warf ihm etwa Wolfgang Max Faust von dem damals einflussreichen Kunstmagazin *Wolkenkratzer* vor, seine Arbeiten seien wenig mehr als die Bemühungen eines kleinbürgerlichen Deutschen, der sich mit Nazislogans und rassistischen Anspielungen auf Tresenniveau, einen Namen machen wolle.

Den Künstler focht das nicht an – schließlich waren damit die Eckpunkte der deutschen Nachkriegskunst zu Hitler besetzt: hier diejenigen, die sich am Mythos Hitler aufrieben und ihn dabei bisweilen nährten, dort die Dekonstruktivisten, die mit viel Witz ebenjene Mythen zu zerlegen suchten. Ein Spannungsfeld, mit dem sich arbeiten ließ, und das tat man auch auf Teufel komm raus, indem man sich beider Positionen bediente.

Vor allem tat dies Christoph Schlingensief, der viel zu früh verstorbene Wahnsinnige des deutschen Theaters, Fernsehen und Films. Auch wenn Letzterer zeit seines Lebens sein Medium war, verstand er sich dem Anspruch nach doch immer als Künstler, nicht etwa als Unterhaltungsregisseurs. Sein Film *100 Jahre Adolf Hitler – Die letzte Stunde im Führerbunker* von 1989 war ein einziger Irrsinn – für 14 000 DM in sechzehn Stunden am Stück in einem Bunker gedreht. Düster, schwarz-weiß, anstrengend und doch auf eine Weise erleichternd, wie der Journalist Dietrich Kuhlbrodt, der im Film den Goebbels spielte, feststellte: »*100 Jahre Adolf Hitler* korrespondiert mit einem aktuellen Bedürfnis, Hitler nicht mehr als Phänomen des Bösen zu behandeln (wie war es doch bequem, den Führer zeitlich und örtlich auszugrenzen, um dann selbstzufrieden zu erklären, dass man damit nichts zu habe). Heute gilt vielmehr: ›Hitler bin ich.‹«

Schlingensief spielte zwar noch mit dem Mythos Hitler, nahm ihn aber wenig ernst, übersteigerte ihn, zog ihn ins Absurde und Lächerliche, machte ihn emotional erlebbar und inszenierte – stellvertretend für alle Deutschen – quasi eine Gruppentherapie. Oder eine Teufelsaustreibung, wie man will.

In seinem Schaffen, angefangen von *100 Jahre Hitler* bis zu der Installation *Animatograph*, in der man zwei Pornodarsteller als Hitler und Stalin beim Onanieren begutachten kann, haben sie alle ihre Auftritte: Hitler, Parsifal, Affen in SS-Uniformen, Stalin und Honecker. Was da zusammengerührt wurde, ist eine absichtlich ungenießbare Suppe an deutschen Mythen und Legenden, zugespitzt und bis zur Unkenntlichkeit überhöht. Das Ziel: Entweder sollten die in Schlingensiefs Wahrnehmung vorherrschenden, kollektiven Wahnvorstellungen unter dem Druck der Kunst entweder ihren Geist aufgeben und somit bedeutungslos werden – oder ihren Geist wenigstens offenbaren und zur Diskussion stellen.

Schlingensief selbst sagte über seinen Film: »Das war ›Menu total‹. Wir haben uns in einem Bunker eingeschlossen und uns mit unseren eigenen Obsessionen konfrontiert. Harte Bedingungen. Wir haben uns gleichsam mit verhaftet.«

Gewiss stand Schlingensief, der 2010 verstarb, mit dieser Erbarmungslosigkeit gegenüber sich sowie seinem Bedürfnis, den »Hitler in sich« zu spüren, stellvertretend für viele Linke und Liberale seiner Generation. Die Heilung, auf die Baselitz noch hoffte, gab es für Schlingensief nicht mehr. Er war sich sicher, diese Wunde würde bleiben. Die Frage für ihn war nur, wie mit ihr umzugehen sei.

Eine Möglichkeit war, sich selbst zum Medium der Mythen und Wunden zu machen – wie Jonathan Meese, der allerdings mit einem zwar ähnlichen, wenngleich verdaulicheren Ansatz reüssierte. Was einiges sagt über das Bedürfnis des Publikums, den Kuddelmuddel an Naziassoziationen im eigenen Kopf von der Kunst vorgeführt zu bekommen. Meese, zehn Jahre jünger als Schlingensief, weiß immerhin um diese Funktion. Seinen »Sud« nennt er dieses Durcheinander an Mythen und stellt sich selbst als Medium zur Verfügung. Er könne, so wurde Meese einmal im Kunstmagazin *Texte zur Kunst* zitiert, schließlich »auch nichts dafür, dass dort unten dann immer dasselbe rauskommt, Adolf Hitler, Richard Wagner, Stanley Kubrick, Conan der Barbar oder eben Malcolm McDowell in seinen verschiedenen Rollen, als Alex de Large oder Caligula«.

Dass Meese sich mit dieser Beliebigkeit seiner Figurenwahl – egal ob nun Conan der Barbar oder Adolf der Diktator – bisweilen zum Hitler-Wagner-Clown macht, scheint ihn nicht sonderlich zu stören. Vermutlich schon deshalb nicht, weil das Publikum ihn genau dafür ja liebt. Über eine Perfomance in New York, bei der Meese keuchend und rülpsend immer wieder »Die Diktatur der Kunst!« schrie, war Aufschlussreiches im *Stern* nachzulesen:»Zur Bekräftigung der Botschaft und Belustigung der Anwesenden putzt Meese sich zusätzlich die Zähne, kämmt sich das Haar, stülpt sich erst eine Monstermaske, dann eine Damenstrumpfhose über, tanzt, strippt und kritzelt sich ein steinernes Kreuz auf die Brust. Am Ende malt er sein Motto in riesigen Lettern auf den Hallenboden, läuft mit Hitlergruß darüber hinweg und singt ›Rebel Yell‹ von Billy Idol dazu« (16.4.2007).

Vielleicht nicht als New Yorker Kunstliebhaber, wohl aber als deutscher Betrachter fragt man sich: Was soll der Hitler-Gruß? Ist das mehr als ein billiger Grusel- und Schockeffekt? Gibt es einen Zusammenhang zwischen Kunst, über die man schwer streiten kann, und diktatorischer Politik, in der man nicht streiten darf? Handelt es sich vielleicht um den etwas verzweifelten Versuch, ein kulturelles und politisches Erbe, das auf keinen Nenner zu bringen ist und das keiner Logik folgt, als Kondensat aufzuführen? Oder ist dies lediglich das Ergebnis eines Diskurses des Kunstbetriebs, in dem alle interessanten Positionen und Ideen schon besetzt sind – und in dem das Publikum nur durch noch mehr Wirrnis, Intensität, Lautstärke und Unfug zu begeistern ist?

Die Liste der deutschen Nachkriegsbeiträge zu Hitler, Nazis, Bunkern und Weltkrieg ließe sich gewiss eine ganze Weile fortsetzen. Doch eine zentrale Frage bleibt: Warum haben Baselitz, Schlingensief, Immendorff, Meese, Kiefer und die anderen, mit Ausnahme von Beuys' anthroposophischen Auslassungen, sich zwar mit Hitler, Hakenkreuz und Weltkrieg beschäftigt, aber nie mit dem Holocaust? Aus Scham? Oder aus Angst?

In der deutschen bildenden Kunst könnte man beinahe den Eindruck gewinnen, der Holocaust habe nie stattgefunden. Die Frage, war nicht, was der Holocaust angerichtet hatte – sondern wie einem aufgeklärten Land wie Deutschland so etwas wie Hitler und das Dritte Reich hatte passieren können. Und welche Schatten Hitler und das Dritte Reich warfen: auf Deutschland. Beuys und Schlingensief trieb vor allem der Umgang der Deutschen mit ihrer Schuld um und die Frage, wie man Hitler moralisch wieder loswerden könne. Ähnlich Baselitz, der auf die Frage eines Interviewers, ob man Hitler zur Witzfigur machen dürfe, antwortete: »Wenn die Witzfigur … in der Lage ist, den Mann dahinter auszulöschen, finde ich das sehr gut.«

Offenbar ist aber genau das Gegenteil eingetreten. Die Hitler-Kunst führt eben nicht zu weniger Hitler, sondern nur immer zu mehr. Ein seltsames Perpetuum mobile: Je mehr Kunst zu Hitler es gibt, desto präsenter ist er, und desto mehr Kunst zu Hitler ist zu erwarten. Und das, obwohl man angesichts der vorhandenen Mengen eigentlich meinen sollte, dass inzwischen alles gesagt sei. Und sich unwillkürlich fragt, ob die hitlersche Omnipräsenz nicht bloß dazu dient, immer mehr und immer neues Aufsehen zu erregen.

Der Anspruch ist dabei vergleichweisweise gering. Anders als Literatur und Film hat die Kunst den Vorteil, dass man von ihr kaum Aufarbeitung und Informationsvermittlung erwartet und sie ebenso wenig dem Postulat historischer Richtigkeit und moralischer Eindeutigkeit unterliegt. Dass ihr Spiel mit faschistischer Symbolik bisweilen durchschaubar und bieder ist, wird meist billigend in Kauf genommen. Etwa wenn die »Metapher Hitler« als Spielzeug einer postmodernen Künstlergeneration herhalten muss, die einerseits keine Tabus und Grenzen mehr anerkennen will – und andererseits doch so gerne Tabus brechen und Grenzen lustvoll überschreiten würde.

Grundsätzlich scheinen sich fünf Erscheinungsformen der Hitler-Kunst unterscheiden zu lassen: die biografische Auseinandersetzung mit dem Nazismus in Deutschland; der Umgang mit dem Holocaust, vor allem in Israel und unter jüdischen Künstlern; der gesellschaftskritische Ansatz, der nur ungern einen Unterschied zwischen Faschismus und Kapitalismus feststellen mag; die Abarbeitung am Nazi- und Hitler-Mythos per se – und jene Kunst, die ohne jeden Sinn, Zweck oder Tiefgang nach Aufmerksamkeit giert und dafür Skandale provoziert. Darunter auch Werke von derartiger Banalität, dass man sie nur deshalb wahrnimmt, weil sie eben mit dem Mythos Hitler spielen. *RZAH* aus dem Jahr 2009, eine eindreiviertel Meter große, runde Scheibe des in Berlin lebenden Künstlers Ralf Ziervogel gehört dazu – ein übergroßer Smiley, durch Bart und Scheitel ausgewiesen als Gesicht Adolf Hitlers.

Die Idee ist weder neu noch war Ziervogel der Erste, der sie verwirklichte: Bereits 1990 ließ der Berliner Cartoonist Gerhard Seyfried in einem seiner Comics einen »Hitler-Yuppie« mit einem T-Shirt mit ebenjenem Motiv

auftreten. Und 2005 vertrieben amerikanische Neonazis solche T-Shirts über einen rechtsradikalen Versandhandel. Selbst wenn man Ziervogel und seiner Show mit dem Titel *Young German Art* ein gerütteltes Maß an Selbstironie zugute hält, sind weder Idee noch Intention überzeugend. So wenig Substanzielles über den Hitler-Smiley zu sagen ist, so wenig sagt er über Gesellschaft und Zeitgeist aus.

Ähnlich ein Porträt des jungen polnischen Fotografiekünstlers Andrzej Dragan namens *Old Hitler*: Sicher, die Frage, was wäre, wenn Hitler überlebt hätte, mag eine hübsche Ausgangssituation für einen mittelmäßigen Science-Fiction-Thriller sein, doch der Erkenntnisgewinn des hier gezeigten gealterten Gesichts ist denkbar gering.

Ebenso wenig erfüllen die Hitler-Porträts auf Toast in

einer Mülltonne, die der Kanadier Tibi Tibi Neuspiel kreierte, den Anspruch einer ernsthaften Auseinandersetzung, nähren eher den Mythos, statt ihn zu reflektieren oder gar zu demontieren. Er habe sich vorgestellt, sagte Neuspiel in einem Interview, wie das sei, wenn man Toast röste und auf einer Scheibe nach der anderen Hitlers Gesicht auftauche, so ähnlich wie bei einer Marienerscheinung. Das soll aufrüttelnd sein und postmoderne Kritik an Aberglaube und frommen Himmelserscheinungen äußern, ist

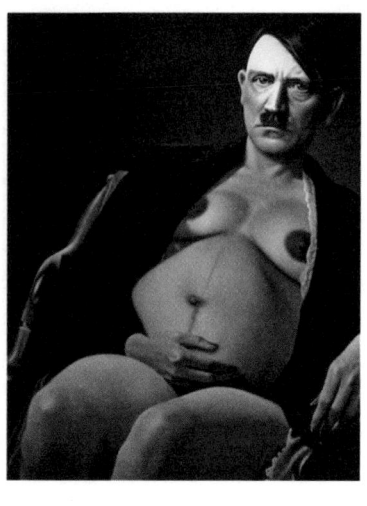

aber letztlich bestenfalls unausgegoren.

Zweifellos vom Ansatz her ambitioniert, doch ebenfalls ziemlich an den Haaren herbeigezogen präsentierte der indonesische Maler Ronald Manullang jüngst seine Gemäldeserie *Final Judgement* (Das jüngste Gericht), die Adolf Hitler in verschiedenen Posen zeigt, mal mit entblößtem Busen und Schwangerschaftsbauch, mal auf dem Schoß einen Säugling mit eintätowierter Auschwitz-Nummer auf dem Ärmchen – und mal in Begleitung von Anne Frank. Sein Ziel sei es gewesen, erläuterte Manuallang, eine Vorstellung davon zu vermitteln, wie Hitler für seine Sünden vor dem Jüngsten Gericht gestanden haben mag, und ihn zudem wegen seiner Allmachtsfantasien und seiner Skrupellosigkeit lächerlich zu machen. Auch wenn Interpretation und Bewertung von Kunst natürlich immer eine höchst subjektive Angelegenheit aus der speziellen Sichtweise des Betrachters bleiben, kommt Manullangs ehrgeiziges Vorhaben letztlich nicht über eine unsortierte und überzogene Ansammlung von Klischees hinaus.

Ähnliches muss leider ebenso über einige Werke des 1956 geborenen Israelis Boaz Arad gesagt werden, der in seinem Land einer Generation von Künstlern und Intellektuellen angehört, die sich mit den offiziellen zionistischen Hitler- und Nazideutungen nicht länger zufriedengeben wollen. Schon Arads frühe Werke, damals Videos, zeigten Hitler: Zwischen 1999 und 2002 bearbeitete und loopte er Archivmaterial so, dass der deutsche Diktator zu Arads Handpuppe wurde, und streifte sich später noch eine Hitler-Maske über. Mit beidem verfolgte er den Zweck, ein Monster zu domestizieren. In *100 Beats* stellte er dann einen masturbierenden Hitler vor, in *Hebrew Lessons* einen, der sich auf Hebräisch für den Holocaust entschuldigte, und in *Mustache* und *Marcel Marcel* spielte Arads Hitler-Figur mit seinem Schnurrbart.

Um Arad Gerechtigkeit widerfahren zu lassen, muss man mit dem Diskurs über dieses schwierige Thema in Israel und den Umgang damit vertraut sein. Vielfach wurde dort der Vorwurf erhoben, Holocaust und Antisemitismus würden im Interesse der israelischen Politik instrumentalisiert. Und: Alle Darstellungen des nationalsozialistischen Völkermords müssten der offiziellen Erinnerungskultur entsprechen. Dieser staatlichen Deutungspflicht aber entzieht sich Arad. Er entpolitisiert und entmythologisiert Hitler, indem er dessen billige Symbolik und damit zugleich die des offiziellen Antifaschismus offenlegt und bloßstellt. Grundtenor: Das Problem ist nicht das Symbol und auch nicht Hitler – das Problem besteht darin, wie man beispielsweise in Israel mit alldem umgeht.

Ein interessanter, auch einleuchtender Ansatz. Eigentlich, denn Arads Installation *Nazi Hunter's Room*, die er 2007 auf einer Düsseldorfer Kunstmesse zeigte, war dennoch wenig feinsinnig. Da lagen in einem Ausstellungsraum wie das Fell einer Jagdtrophäe Haut und Kopf Hitlers auf dem Holzfußboden, an der Wand dahinter hing das Pop-Art-Gemälde eines Hakenkreuzes. Natürlich sprach Arad auch damit einen speziell israelischen Traum und ein speziell jüdisches Trauma an – die unterbliebene Rache, die unvollständige Sühnung der Toten.

Nichtsdestotrotz wäre es interessanter gewesen, statt schon wieder Hitler, Hitler, Hitler zu thematisieren, das deutsch-israelische Verhältnis, die Ängste und Mythen und all die Vorstellungen, die die Nachfahren der Opfer und die Nachfahren der Täter voneinander haben, mit den Mitteln der Kunst anzugehen. Oder wieder die Geschichte, den Krieg, den Völkermord zum Gegenstand der Kunst zu machen – und abzulassen von dem ohnehin längst durchlöcherten Tabu Hitler.

Theodor W. Adorno schrieb dazu in seiner *Ästhetischen Theorie*: »Was aber wäre Kunst als Geschichtsschreibung, wenn sie das Gedächtnis des akkumulierten Leidens abschüttelte?« Die Frage scheint, gerade angesichts jener oftmals recht geschichtsvergessenen und oberflächlichen Werke, dringlich. Auch weil diese auf die Mythen kaprizierte, ironische Kunst auf manche frivol und geschmacklos wirken mag

Der in Wien geborene britische Kunsthistoriker Sir Ernst Gombrich erzählte im Deutschlandradio einmal die Anekdote, wie er in den Fünfzigerjahren in London eine Ausstellung besuchte, die Arbeiten eines Wettbewerbs für ein Mahnmal zum Gedenken an den unbekannten politischen Gefangenen präsentierte. Dabei wurde er zufällig Zeuge, wie ein Mann hereinkam und die preisgekrönte Arbeit des britischen Künstlers Reg Butler zerstörte, indem er sie einfach in der Hand zerquetschte. Der Täter, ein ungarischer Flüchtling namens Laslo Szilvassy, wurde verhaftet. Laut Gombrich steckte Folgendes hinter der Attacke. Szilvassy war selbst im Konzentrationslager gewesen und fand es einfach frivol, so etwas als Anlass für Kunst zu nehmen. Ihm schien dieses Thema nicht kunstwürdig, und deshalb zerstörte er aus Protest gegen diese Einstellung den Entwurf. »Mir ist das immer in Erinnerung geblieben, und ich finde, der Mann hat recht«, kommentierte Gombrich den Vorfall.

Darüber kann man sicher trefflich streiten, und gewiss gibt es für beide Positionen gute Argumente. Nur ist die Frage, ob man Diktatur und Krieg, Konzentrationslager und Holocaust mit den Mitteln der Kunst aufarbeiten darf, kann und soll, rein faktisch – nicht moralisch – inzwischen bereits tausendfach beantwortet worden. Verblüffend ist indes, dass es trotzdem zumindest in Deutschland bislang weder eine große Ausstellung noch sonst eine Aufarbeitung dieser Werke gab. Womit sich neue Fragen aufdrängen: Ist das zu offensichtlich, zu trivial oder zu billig und schmerzhaft? Und wenn ja: für wen?

VII. Vom Holocaust zum Holodeck: Hitler in der Hauptrolle

Es klingt wie ein Science-Fiction-Film: Ein beinahe normales Land verfällt innerhalb kurzer Zeit einem Diktator, der Hass und Krieg predigt. Das Ziel: die Weltherrschaft. Der Weg: alles und jeden töten. Bald werden brave Mitbürger zu Mördern, Nachbarn verfolgt, vertrieben und eingesperrt, ein Krieg wird vom Zaun gebrochen. Der Diktator ist wirr und wütend und die Bösen tragen zur besseren Erkennbarkeit schwarze Uniformen mit Totenköpfen. Und als sei dieser grausame Krieg zur Unterwerfung der Welt nicht irre genug, wendet sich dieses verführte Volk auch noch gegen einen Teil seiner Mitbürger, baut riesige Todeslager und setzt sich die Ausrottung einer unschuldigen Rasse zum Ziel.

Als der Diktator sieht, dass sein großer Plan nicht aufgeht, bringt er sich um – in der Walpurgisnacht. Dennoch kann dieser Krieg, der längst viele Länder verwüstet und in Schutt und Asche gelegt hat, schließlich nur mit vereinten Kräften und einer in Windeseile und im Geheimen zusammengeschusterten Wunderwaffe, einer »Atombombe«, gewonnen werden. Ein verworrener, konstruierter Plot würde man sagen, würde es sich nicht um Geschichte handeln, sondern um einen Science-Fiction-Film mit Protagonisten, die ebenfalls recht unglaubwürdig, weil überzogen wirken. Auch wenn es erst abwegig und womöglich geschmacklos sein mag, das Dritte Reich samt Zweitem Weltkrieg und Holocaust wie eine SF-Geschichte zu behandeln, es gibt verblüffende Gemeinsamkeiten und Verbindungen.

Auch das scheint zumindest verwunderlich. Denn was könnte ein realer Krieg mit annähernd 60 Millionen Toten mit den Gedankenspielereien in Weltall und parallelen Wirklichkeiten gemein haben? Es stellt sich heraus: eine ganze Menge. Da wäre zunächst die Inszenierung der Nazis selbst, die auf genau diese Art von Raunen und Übermacht abzielte, die auch die Faszination von Science-Fiction ausmacht. Da wären Science Fiction-Serien wie *Stahlfront*, die sehr unverhohlen faschistisches Gedankengut samt heldenhaften Ariern und tapferen »Thule-Truppen« propagieren – und nur deshalb geduldet werden, weil sie ihr Wertekorsett wie ihre Handlung eben mit dem Deckmäntelchen des Fiktionalen verbreiten. Aber es muss ja nicht gleich NS-Gedankengut im Raumschiff sein – selbst in den *Harry-Potter*-Filmen finden sich zahlreiche Referenzen an Holocaust und Drittes Reich, aber dort wendet sich der Held der Erzählung immerhin gegen Rassenhass und Reinheitswahn.

Hämische Kommentatoren haben außerdem angemerkt, dass die Art und Weise, wie vor allem der amerikanische History Channel, aber auch deutsche Boulevardmedien das Dritte Reich präsentieren, ästhetisch und inhaltlich im Dunstkreis von Science-Fiction anzusiedeln ist. Beispielsweise wenn die Bildzeitung »Hitler ließ –

heimlich – Ufos bauen« titelte oder Verschwörungstheoretiker von einer Nazifestung in der antarktischen Region Neuschwabenland in der Antarktis fantasierten, über die *Spiegel online* vom 5. April 2007 unter der Überschrift »Die Mär von Hitlers Festung im ewigen Eis« berichtete.

Nicht zu vergessen natürlich, dass es Vorläufer in der Unterhaltungsindustrie gab, die das Dritte Reich vermarkteten. Angefangen hat dies bekanntermaßen bereits mit Charlie Chaplins *Großem Diktator* aus dem Jahr 1940. Anders als viele Amerikaner seiner Zeit erkannte Chaplin schon frühzeitig die von Nazideutschland ausgehende Gefahr, aber auch die willkommene Möglichkeit, Adolf Hitler lächerlich zu machen. Der Komiker, der sich zeit seines Lebens als politischer Mensch verstand, äußerte sich dazu bereits 1937 folgendermaßen: »Wie konnte ich meine Gedanken auf weibliche Launen konzentrieren oder an romantische Dinge wie Liebesprobleme denken, während der Bodensatz des Wahnsinns von der grauenerregenden, grotesken Gestalt eines Adolf Hitler aufgerührt wurde?«

Ein einleuchtender Gedanke. Ähnlich dachte man offenbar auch bei Disney und in anderen Cartoon-Studios und widmete sich in entsprechenden Filmen dem Dritten Reich im Sinne der US-Kriegspropaganda. Neben Filmen mit Duffy Duck und Bugs Bunny im Kampf gegen die Nazis und die Japaner sind vor allem zwei sehr aufschlussreiche Filme von 1943 aus dem Hause Disney erwähnenswert. Einmal das düstere Lehrstück *Education for Death*, das die Geschichte von einem zum Nazi herangezogenen Jungen mit auf Hitler-Deutschland gemünzten Elementen aus Märchen und Sagen verbindet. Und zum anderen *The*

Führer's Face, ein Streifen, der bereits seinerzeit für so gut befunden wurde, dass er einen Academy Award erhielt. Denn trotz aller Absurdität und gelungener Komik zeigte er treffend die reale Bedrohung durch Nazideutschland. Wobei der Erfolg des Films nicht zuletzt der Musik geschuldet war. Der von Spike Jones' Brass Band vorgetragene Titelsong *The Führer's Face* – im Film mit dem japanischen Kaiser Hirohito am Sousafon und Mussolini an der Trommel – wurde in den USA zum Hit.

Obwohl Chaplin nach dem Zweiten Weltkrieg gesagt haben soll, er würde den *Großen Diktator* so nie gemacht haben, hätte er von Auschwitz gewusst, ist sein Film doch ein wichtiger Referenzpunkt für praktisch alle Versuche, Hitler mit den Mitteln der Unterhaltung und des Humors beizukommen. Denn Chaplins Film prägte nicht nur den Tonfall für Hitler-Parodien, er gab den Nachgeborenen auch Argumente *für* und *wider* eine solche Art der Auseinandersetzung an die Hand. Die Verantwortung, nicht wegzuschauen, gleichermaßen wie die Verpflichtung, Grenzen zu respektieren, die oftmals von Zeitgeist, Moral und gesellschaftlichem Kontext abhängig sind.

Wie etwa bei Ernst Lubitschs meisterhafter, ebenso ätzender wie amüsanter Parodie *Sein oder Nichtsein* über eine Schauspielertruppe im besetzten Warschau. Als der Film 1942 in die Kinos kam, blieb der große Erfolg aus. Die USA befanden sich inzwischen im Krieg mit den Achsenmächten, und mit der Distanz zu den Geschehnissen in Europa war ihnen das Lachen ebenfalls abhandengekommen – zumal Lubitsch sich geweigert hatte, gängige Naziklischees zu bedienen.

Die Frage, was erlaubt ist und was unter den Gesichtspunkten des ominösen »guten Geschmacks« gerade noch geduldet wird, blieb auch nach dem Krieg zunächst vor allem eine Sache der Distanz zu den geschehenen Gräueltaten. Umstritten war außerdem, ob man Nazis anders darstellen dürfe denn als Inkarnation des marschierenden Bösen. Der englische Journalist Jacques Peretti hat in seiner Dokumentation *Hitler – The Comedy Years* eine interessante Traditionslinie vor allem englischer Hitler-Filme aufgezeigt: Sie beginnt mit den Propagandafilmen der Kriegsjahre, deren Aufgabe es war, Hitlers Mythos zu brechen und den deutschen Diktator zur Witzfigur zu machen. Reicht weiter zu den düsteren Filmen der Nachkriegszeit wie Stanley Kubricks *Dr. Strangelove,* in dem ein genialer deutscher Wissenschaftler und erzböser Exnazi statt »my president« auch mal »mein Führer« sagt und seinen Arm kaum daran hindern kann, sich zum Hitler-Gruß in die Höhe zu recken.

Fragen von Moral und Ästhetik, von Humor und Ernsthaftigkeit wurden jedes Mal neu verhandelt, so auch bei Mel Brooks' mehrfach erwähntem Film *The Producers* (1968), der in Deutschland unter dem Titel *Frühling für Hitler* lief – einer satirischen Geschichte um zwei betrügerische Produzenten, einen schwulen Regisseur und einen Musicals schreibenden Altnazi, die es erlaubte, über Hitler, Deutschland und Naziästhetik zu lachen, ohne dass Zweiter Weltkrieg und Holocaust ins Visier gerieten. Dennoch waren die Kritiken in den USA bestenfalls gemischt – Brooks sei geschmacklos, hieß es –, während man sich in Deutschland generell schwertat mit dieser Produktion um ein fiktives Musical *Frühling für Hitler,* einen fröhlichen Rummel mit Adolf und Eva in Berchtesgaden.

Ähnlich erging es Roberto Benigni. Der italienische Komiker, der bis dato tatsächlich ausschließlich mit albernen Rollen in Erscheinung getreten war, wagte 1999 mit *Das Leben ist schön* die erste Komödie, die den Holocaust thematisierte. Benigni, selbst Sohn eines KZ-Überlebenden, sicherte sich vielfältig ab, arbeitete mit dem Zentrum für jüdische Dokumentation in Mailand zusammen und ließ sich von einem Überlebenden beraten. Trotzdem gingen die Meinungen auseinander: Neben überschwänglicher Begeisterung erntete der Film auch äußerst harsche Kritik. David Denby vom *New Yorker* schrieb etwa, Benigni wisse »sicherlich, dass ein Kind, das nach Auschwitz kam, sofort umgebracht wurde, dass in jedem Lager die Menschen geschlagen und getötet wurden und es kaum Gnade gab«. Mehr noch: Der große Erfolg vom Benignis Film sei vermutlich sogar ein Hinweis darauf, »dass das Publikum die Thematik Holocaust satthat. Dank Benigni kann es jetzt lachend und glücklich das Thema als ›abgehandelt‹ abhaken.« Vermutlich wird diese Debatte auf absehbare Zeit kein Ende finden, kein Ende finden können – weil sich mit den Zeiten auch die Befindlichkeiten und die Antworten auf die Fragen, die solche Filme zwangsläufig stellen, ändern.

Mit der Zeit, die vergangen ist, und der größeren gesellschaftlichen Distanz wächst zweifellos auch die Handlungsfreiheit, mit der in Kunst und Kultur mit den Geschichten, Symbolen und Personen Nazideutschlands umgegangen wird. Und so werden gleichzeitig die Beispiele für den Umgang mit dieser Thematik vielfältiger – und großzügiger, was Ernsthaftigkeit, historische Genauigkeit und Intention angeht. Womit wir wieder bei der Science-Fiction wären.

Space Nazis, auch Evil Alien Space Nazis genannt, sind ein beliebtes Genre. Seit das ganze Konzept vom Übermenschen, der ganze Wahn, der Rassenhass und das deutsche Ingenieurskönnen samt und sonders den braunen Bach hintergingen, fantasieren vornehmlich halb demente Alt- und Neonazis und die *Bild*-Zeitung über die Rückkehr der Naziritter und der braunen Macht, allerdings ebenfalls deutlich humorvollere Menschen mit Imaginationsbegabung.

Gäbe es so etwas wie einen Gradmesser für die Banalisierung politischer Inhalte und Symbole, er wäre sicherlich an TV-Serien geknüpft, die im Privatfernsehen am Nachmittag zu sehen sind. Wenn sich aber Science-Fiction-Serien am Dritten Reich versuchen, dann ist tatsächlich Alarm angesagt. Ein sehr bezeichnendes Beispiel hierfür ist die *Star-Trek*-Folge »Patterns of Force« (Schablonen der Gewalt) aus dem Jahr 1968, in der die erste Enterprisemannschaft um Kirk und Spock nicht einfach in einem faschistisch regierten Land, sondern gleich auf einem Naziplaneten landete.

Die Handlung ist in groben Umrissen diese: Das Raumschiff ist unterwegs zum Planeten Ekos, um nach dem Verbleib des Historikers John Gill zu forschen. Kaum angekommen wird die Enterprise mit Atomraketen attackiert – zur großen Überraschung der Besatzung, denn Ekos sollte eigentlich technologisch gar nicht so fortschrittlich sein. Kirk und

Spock statten dem Planeten also einen Besuch ab und finden lauter Nazis und Hakenkreuze vor – und erfahren, dass Ekos sich nicht nur im Krieg mit einem Nachbarplaneten befindet – dessen Name, Zeon, sicher nicht ganz zufällig an Zion erinnert –, sondern überdies auch plant, alle Zeonier auszurotten. Schließlich stellt sich heraus, dass Ekos ein aus dem Ruder gelaufener Versuch des Historikers Gill ist, Geschichte zu simulieren.

Die Folge, die auch »Kirk und Spock besuchen Adolf Hitler« hätte heißen können, wurde in Deutschland nie ausgestrahlt. Angesichts von Dialogen über die Ästhetik von Naziuniformen (Kirk: »Ja, es ist schade, dass Ihre nicht so attraktiv ist wie meine. Gestapo, glaube ich.« Spock: »Vollkommen richtig. Sie würden einen sehr überzeugenden Nazi abgeben.«), Verfolgungen von »Zeonistenschweinen« und der Bewertung Nazideutschlands als »effektivster Gesellschaft der Welt« runden das schräge Bild ab.

Bei diesem einen Ausflug ins Dritte Reich sollte es lei-

der nicht bleiben: 2004 malte sich eine weitere *Star-Trek*-Folge, wohl unter dem Einfluss des 1992 erschienenen Erfolgstitels *Fatherland* (Vaterland) des Briten Robert Harris, aus, wie Nazideutschland mit freundlicher Hilfe von durch die Zeit gereisten Außerirdischen den Nordosten der USA erobert. Die Bilder des mit Swastikafahnen dekorierten Weißen Hauses griffen die Bilder der früheren Kriegspropaganda auf und spielten auf wenig subtile Weise mit den Urängsten vieler Amerikaner.

Doch gegen den versammelten Unsinn, den der Film *Surf Nazis Must Die* von 1987 verzapfte, nehmen sich die Ausflüge zu außerter-restrischen Naziplaneten wie eine brave Klassenfahrt aus. *Surf Nazis Must Die* beginnt mit einem Erdbeben in Kalifornien, das nicht nur 80 000 Menschen das Leben kostet, sondern die gesamte Küstenregion in Sodom und Gomorrha verwandelt. Eine Gang surfender Neonazis um Anführer Adolf, seine Freundin Eva und Kumpel Mengele übernimmt die Herrschaft in der Gegend, bekämpft eine konkurrierende Bande und ermordet einen Schwarzen. Erst der grausame Rachefeldzug der Mutter des Mordopfers beendet das ebenfalls grausame B-Movie.

Das vermutlich absurdeste Beispiel, wie Geschichte und Science-Fiction vermengt werden, kommt allerdings ganz ohne Frage aus Japan: In der japanischen Superheldenserie *Kamen Rider X* aus dem Jahr 1974 begegnet Keisuke

211

Jin, der Held der Geschichte, einem etwa eineinhalb Quadratmeter großen Seestern, der aus dem Wasser hüpft und Keisuke Jin anzugreifen beginnt. Als dieser sich in Kamen Rider X verwandelt und zur Gegenwehr ansetzt, explodiert der Seestern plötzlich – und entpuppt sich als Adolf Hitler. Genauer: als Adolf-Hitler-Seestern-Zwitter, der nur einer von vielen Gegnern des Helden aus dem G O D – Konglomerat, das in *Kamen Rider X* für das Böse steht: »Government of Darkness.« Dass zu jener Regierung der Dunkelheit außerdem ein Dschingis-Khan-Kondor, ein Spinnen-Napoleon, ein Dracula-Blutegel und eine Al-Capone-Ameise zählen, macht den Unsinn komplett. Interessant ist die Serie indes insofern, dass sie Geschichte und Erinnerungskultur vollständig ignoriert und Politik und Fabelwesen hemmungs- wie gedankenlos durcheinanderwürfelt.

Gänzlich abwegig und geschmacklos müssen den meisten Zuschauern die sogenannten Nazi-Exploitation-Filme der späten Siebziger erschienen sein. Aufbauend auf einem Genre, das auf reißerischer Darstellung vor allem von Sex und Gewalt basiert, wird hier auf dem Hintergrund von Weltkrieg und Holocaust an den Haaren herbeigezogene Erotik angehäuft und mit Mordszenen angereichert. Das bekannteste Exemplar dieser Gattung ist *Ilsa, She Wolf of the SS*, ein amerikanischer Film von 1974. Schon dessen Werbeslogan dürfte schwerlich an Absurdität zu übertreffen sein: »Ilsa: The most dreaded Nazi of them all.« Wer war dagegen schon Adolf Hitler?

Die Geschichte von Ilsa orientiert sich sehr, wirklich sehr, sehr lose am Leben von Ilse Koch, der Frau des Lagerkommandanten des KZ Buchenwald. Im Film wird aus der realen »Hexe von Buchenwald« eine sexsüchtige Sadistin, die jede Nacht einen anderen KZ-Insassen vergewaltigt, kastriert und schließlich tötet. Die Verbindung von Sex und Holocaust ist dabei allerdings weder zufällig noch einmalig. Susan Sontag hat in ihrem 1974 erstmals publizierten Essay »Fascinating Fascism« fast verzweifelt mit der Frage gerungen, warum ausgerechnet das Dritte Reich und seine Insignien so sehr zum erotischen Fetisch werden konnten: »Die SS ist zum Sinnbild sexueller Abenteuer geworden. Stiefel, Leder, Ketten, Eiserne Kreuze auf schimmernden Körpern neben Fleischhaken und schweren Motorrädern sind die geheimen und einträglichen Utensilien der Erotik geworden. Aber warum? Warum ist Nazideutschland, das eine sexuell repressive Gesellschaft war, erotisch geworden?«

Zwei Jahre später äußerte sich auch Michel Foucault irritiert über das Phänomen Sadiconazista: »Das ist ein gewaltiger Irrtum über die Geschichte. Der Nazismus wurde im 20. Jahrhundert nicht von den Verrückten des Eros erfunden, sondern von den Kleinbürgern, den übelsten, biedersten und ekelhaftesten, die man sich vorstellen kann. Himmler war eine Art Landwirt, der eine Krankenschwester geheiratet hatte. Man muss begreifen, dass die Konzentrationslager der gemeinsamen Fantasie einer Krankenschwester und eines Hühnerzüchters entsprossen sind.«

Erfolg und Faszination des Genres tat diese Einordnung keinen Abbruch. Die Geschichte von Ilsa, der SS-Wölfin, war im Gegenteil derart erfolgreich war, dass sie ein ganzes Genre begründete, das im Kern aus nackten Frauen, SS-Uniformen, Sex, Gewalt und unfassbar absurden Geschichten bestand. Ausgerechnet in Italien, das seine faschistische Vergangenheit bis heute nur sehr bedingt aufgearbeitet hat, wurden in der Folge derartige Filme zwischen Orgie und Völkermord am laufenden Band gedreht. Die Titel sprechen für sich: *SS Hell Camp, Last Orgy of the Third Reich* und *Love Train for the SS.* »Der Fantasie des Exploitationfilmers«, erklärte Marcus Stiglegger, Autor des Buches *Sadiconazista – Faschismus und Sexualität im Film* (1999), »scheinen keine Grenzen gesetzt: Es kommt zu lesbischen Beziehungen *(Deportate)*, Beziehungen zwischen Wachtposten und Häftlingsfrau *(SSadi-Kastrat-Kommandantur)*, zu sadomasochistischen Happenings *(Train spécial)* und Massenvergewaltigungen *(Ultima Orgia)*. In *Salon Kitty* und *KZ 9* kommt auch erzwungener Beischlaf mit körperlich bzw. geistig behinderten Menschen vor.«

Ebenfalls in dieses Genre fällt ein Film von 1978, der in Deutschland unter dem Titel *Ein Haufen verwegener*

Hunde lief und dessen Handlung das Kunststück schafft, gleichzeitig verwirrend und schlicht zu sein. Ein amerikanischer Gefangenentransport mit Dieben und Deserteuren wird während der Befreiung Frankreichs Opfer eines deutschen Bombenangriffs. Einige der Verbrecher können fliehen, schlagen sich durch die Frontlinien, kämpfen gegen Nazis und gegen als Nazis getarnte Alliierte und versuchen schließlich auf eigene Faust den Transport einer V-2-Rakete umzudirigieren. Höhepunkt dieser Trash-Produktion, die keinerlei Dramaturgie und Schauspielkunst trübt, ist vermutlich eine Szene, in der die Helden auf eine Gruppe nackt in einem See badender Blondinen treffen. Als diese die Amerikaner erkennen, entpuppen sie sich als stramme Nazisoldatinnen, die umgehend und unbekleidet, wie sie sind, mit Maschinenpistolen das Feuer eröffnen. Der englische Titel des Films lautete *The Inglorious Bastards*.

Es ist natürlich kein Zufall, dass der Film von Quentin Tarantino beinahe den gleichen Titel trägt. Wer seine Arbeiten kennt, weiß, dass es nie um ein Motiv, das Leben oder gar Geschichte geht, sondern immer nur um Filme. Um Kino. Und Filmgeschichte. Quentin Tarantino tanzt letztlich ständig auf der Metaebene, zitiert, sampelt, vermengt und vermischt, was schon einmal auf einer Leinwand zu sehen war. Umso erstaunlicher eigentlich, dass auch Quentin Tarantinos NS-Ballerfilm *The Inglorious Basterds* (2009), der sich lose an der Handlung des italienischen Schundstreifens orientiert und zu keinem Zeitpunkt nur im Ansatz so tut, als interessiere er sich ernsthaft für Geschichte, Hitler und Holocaust, Zweiten Weltkrieg und Drittes Reich, zum Anlass einer Diskussion über Erinnerungskultur wurde. Tobias Kniebe, Filmkritiker der *Süddeutschen Zeitung,* schrieb schon nach der Lektüre des Drehbuchs: »Hier trifft die Popkultur mit bisher nicht gekannter Wucht auf Nazideutschland und zugleich auf den Holocaust – und die Wirkung dieser Kollision ist noch kaum abzusehen. Klar ist aber eins: All die deutschen Historiker und Kommentatoren, die bei Tom Cruise und seinem doch sehr um Korrektheit bemühten Stauffenberg schon wild nach Luft schnappten – die wird es bei ›Inglorious Basterds‹ vor Schreck auf der Stelle zerreißen.Und vielleicht ist das genau der Plan.«

Das Gegenstück zu Tarantinos Film ist daher möglicherweise *Starship Troopers* des Niederländers Paul Verhoeven. Sind bei Tarantino Geschichte und Symbole, wie im Nazi-Exploitation-Genre üblich, letztlich nur Staffage und Dekoration, so handelt es sich bei *Starship Troopers* um eine bitterkomische Nazisatire, die sich allerdings nicht als solche zu erkennen gibt. Vielmehr wird der Zuschauer ein bisschen perfide auf die falsche Fährte gelockt: Verhoeven, der als Kind die deutsche Besetzung seiner Heimat miterlebte, zeigt eine Gruppe junger Schulabsolventen, die sich begeistert zum Militärdienst melden, dort Karriere machen, um letztlich in den Kampf gegen eine Armee überdimensionierter Insekten geschickt zu werden.

Vordergründig berauscht sich der Film am militärischen Drill, an Blut, Schweiß und Tränen, an Pflicht und Gehorsam und der noblen Pflicht, fürs Vaterland zu sterben, hintergründig sind die eindrucksvoll glänzenden Uniformen denen der SS nachempfunden und erinnern die Abzeichen entfernt an ein Hakenkreuz. Wer das nicht bemerkt, den sollte zumindest die Tatsache stutzig machen, dass hier Ungeziefer bekämpft wird – man erinnere sich an die Anleihen der Naziterminologie beim Vokabular der Schädlingsbekämpfung.

Generell hat das Kino seit dem Ende der Nazidiktatur immer wieder gerne braune Uniformen und Totenkopfabzeichen ins Bild gehalten, weil sie so schön griffig als Zeichen für das vollkommen Böse und selbstredend Bekämpfenswerte stehen. Ein paar Hakenkreuze zu zeigen, das ist auch allemal einfacher, als sich in die komplexen politischen Gemengelagen der Gegenwart zu vertiefen: Die Nazis, das sind wenigstens noch echte und vor allem erkennbare Bösewichte. Schwieriger ist es da schon, wenn die Granden des Dritten Reiches und ihre willigen Helfer verspottet und die engen Grenzen, in denen man die Deutschen an diese Zeit erinnern darf, überschritten werden. Das Problem ist der Humor, die Satire – nicht die Thematisierung von Völkermord und Krieg selbst.

Spätestens hier sollte man stutzig werden: Ist es tatsächlich so, dass man Filme, die nach eigenem Bekunden nicht auf die Geschichte selbst abzielen, sondern auf unseren Umgang damit, leicht als Skandal wahrnimmt – während andere Produktionen gefeiert werden, weil sie vorgeblich historische Aufarbeitung betreiben und dabei doch verfälschende Verkürzungen und einseitige Perspektiven in die Welt setzen? Und wenn das den Tatsachen entspricht, warum dann?

In seinem sehr klugen Buch *Hitler war's – die Befreiung der Deutschen von ihrer Vergangenheit* hat der Historiker Hannes Heer Eichingers Untergangsepos durchaus zutreffend als Melodram bezeichnet: »Wie in diesem Genre üblich, besteht die Welt aus einer Handvoll Schurken und der Masse der Anständigen und Sympathischen. Zur ersten Gruppe gehören Hitler und Goebbels, zur zweiten der Rest der Bunkerbesatzung und die Berliner Bevölkerung.«

Ähnlich urteilten auch Inge Stephan und Alexandra Tacke in ihrem Sammelband *Nach-Bilder des Holocaust*. Der Film biete, sagen sie, »dem deutschen Publikum Entschuldungs- und Entlastungsangebote«. Ein beinahe unanständiger Gedanke: dass *Der*

Untergang deshalb so großen Erfolg hatte, weil er die Schuld an all dem Schrecklichen, an den jedes Begreifen übersteigenden Verbrechen einer sehr kleinen Gruppe in die Schuhe schob, statt – wie es etwa Daniel Goldhagen in seinem Buch *Hitlers willige Helfer* tut – die Rolle der Bevölkerung in den Fokus zu rücken. Gleichzeitig wurde der Film immer wieder wegen seiner angeblichen Realitätsnähe gelobt. Immerhin merkte der bereits zitierte David Denby vom *New Yorker* trotz grundsätzlich positiver Besprechung an, der Film bewege sich hart an der Grenze zu einer Komödie. »Manchmal wünscht man sich, ein kaltschnäuziger bösartiger Ironiker wie Brecht oder Fassbinder käme an und übernähme die Regie.« Weil aber beide nicht mehr zur Verfügung standen, sprang das Internet dankbar ein – und übernahm tatsächlich die Regie.

Etwas abseits der deutschen Öffentlichkeit entwickelte sich dort nämlich ein popkulturelles Phänomen, das sogenannnte *Downfall*-Mem, benannt nach dem englischen Titel des *Untergangs*, das so vielschichtig, bitter und witzig war, dass man an ihm viel über den Umgang mit dem Topos »Hitler« erfahren konnte.

Es sind die zentralen Minuten des Films: Hitler erfährt, dass die Wehrmacht geschlagen und das Tausendjährige Reich am Ende ist und bekommt im engsten Kreis einen Wutanfall. Er schreit, er zetert, er wütet und tobt, will es nicht wahrhaben. Im Laufe der Zeit wurde diese Szene, da der Film nie synchronisiert wurde, weltweit immer wieder neu untertitelt. Und so regte sich Hitler in den Untertiteln über eigentlich alles auf, worüber sich Menschen eben so aufregen. Die immer gleiche Szene, der immer gleiche Wutausbruch in all seiner Lächerlichkeit und melodramatischen Aufgeregtheit. Vielleicht haben ja die Hobbysatiriker besser erkannt als viele Feuilletonisten, wie einseitig und damit falsch und wie beschönigend und damit verlogen die zentrale Aussage des Films zumindest teilweise ist.

Spätestens hier berühren sich die beiden eigentlich so weit voneinander entfernten Herangehensweisen – berühren sich *Der Untergang* und die offensichtlich absurden Nazi-Science-Fiction-Filme: Weil sie beide vereinfachend alle Verantwortung ein paar wenigen »Stars« des Hitler-Faschismus überantworteten oder die Wichtigkeit von Hitler, Göring, Goebbels, Himmler und Heydrich ins Groteske übersteigern, sodass die Naziverbrecher am Ende wie Übermenschen, wie Wesen von einem anderen Stern wirken und damit nicht mehr real behandelt werden können.

Das nämlich ist das eigentliche Problem: Mit Ausnahme der Parodien werden Nazideutschland und der Zweite Weltkrieg in Medien und Unterhaltung mittlerweile so schlicht, ohne Ecken und Kanten und ohne jede Widersprüchlichkeit, dargestellt, dass die Wechselfälle der Geschichte auf eine simple Erzählung vom Krieg der Welt gegen den dämonischen Diktator reduziert werden und vieles zur gruseligen, faszinierenden Unterhaltung ohne jeden Erkenntniswert verkommt. Der amerikanische Schriftsteller Don DeLilo hat dazu einmal geschrieben: »Hitler, natürlich. Er ist gestern Nacht schon wieder aufgetaucht. Er taucht immer auf. Unser Fernsehen würde ohne ihn nicht existieren.«

Nachwort:
Unter Gelegenheitsantifaschisten

In der Woche, nachdem ich den Vertrag zu diesem Buch unterschrieben hatte, schlief ich ausgesprochen schlecht. Aus einem einfachen Grund: Fast jede Nacht träumte ich, ich säße in einer Talkshow zwischen Henryk M. Broder und Michel Friedman und beide würden mich zerlegen und mich als Verharmloser und Kryptofaschisten beschimpfen. Das Blöde war: Ich wusste ihnen nichts entgegenzusetzen. Nichts.

Dieser Traum war großer Unsinn, in jeder Hinsicht. Zunächst weil weder Friedman noch Broder verdächtig sind, sich dem üblichen deutschen Tanz um den heißen Brei anzuschließen, der immer dann aufgeführt wird, wenn es um Hitler und das Dritte Reich geht. Kaum jemand in Deutschland hat so hellsichtig, unerbittlich und markant das Verhältnis der Deutschen zu Hitler beschrieben wie Broder in seiner Zeit beim *Spiegel*. Und kaum jemand sich von der üblichen Rhetorik des Bedauerns und vom symbolischen Antifaschismus so wenig einlullen lassen wie Friedman.

Das Problem sind überhaupt nicht Quälgeister wie Broder und Friedman, sondern – Zitat Broder – die »Gelegenheitsantifaschisten«. Deren vermeintlich besorgte Erregung, moralische Selbstgefälligkeit und politische Oberflächlichkeit steht, ganz im Duktus des Jugendbuchklassikers *Die Welle* (»eine Art Hanni und Nanni besiegen den Faschismus«, wie Tobias Kniebe einmal sehr treffend schrieb), einer ernsthaften Auseinandersetzung mit dem Dritten Reich, dem Holocaust und Hitler mindestens ebenso im Wege wie Werbung oder Popsongs, die mit diesen Themen Schindluder treiben.

Der Publizist Johannes Gross hat den Sachverhalt etwas zynisch, aber zutreffend auf den Punkt gebracht: »Je länger das Dritte Reich zurückliegt, umso mehr nimmt der Widerstand gegen Hitler und die Seinen zu.« Und diese »Gelegenheitsantifaschisten« sind auch dafür mitverantwortlich, dass Hitler über 65 Jahre nach Ende des Dritten Reiches wieder so präsent ist wie selten zuvor. Und dafür, dass die NS-Herrschaft oft so banal und oberflächlich behandelt wird.

Aber Hitler ist ein billiges, faules Argument. Dass selbst Kampagnen gegen Antisemitismus, Fremdenfeindlichkeit und Nationalismus fast ausschließlich mit den dann meist durchgestrichenen Insignien der Nazis arbeiten, zeigt eben auch, wie gering die inhaltliche Tiefe dieser Art des Antifaschismus ist. Natürlich gibt es politische Gemeinsamkeiten zwischen den Nazis anno 1933 und den rechtsradikalen Skinheads in Hoyerswerda 1991 oder Rostock-Lichtenhagen 1992. Aber ein Neonazi ist eben kein Nazi, wenngleich er's vielleicht gerne wäre. Auch wenn es verlockend und einfach ist, jegliches rechtsradikale Gesindel in einen Topf zu stecken, ist eben diese Vereinfachung ebenfalls grober Unfug, der mit Hitler und den Nazis getrieben wird. Die linke Losung, Faschismus sei keine Meinung, sondern ein Verbrechen, erscheint daher zunehmend als Ausrede, sich erst gar nicht inhaltlich und argumentativ mit Faschismus und Neonationalsozialismus auseinanderzusetzen. Die Teilung der Welt in Gut und Böse, in Freund und Feind, in Widerstandskämpfer und Faschisten ist zwar fabelhaft übersichtlich, aber ebenso großer wie gefährlicher Unsinn.

Nicht einmal das Credo »Nie wieder Krieg« lässt sich aus dem Zweiten Weltkrieg zweifelsfrei ableiten. Immerhin dürfte Konsens darüber bestehen, dass es für das demokratische Deutschland letztlich gut war, dass die Amerikaner seinerzeit eingegriffen haben. Ja, was denn nun: Soll man, als Konsequenz aus dem Dritten Reich, sich nun an militärischen Interventionen gegen Diktatoren beteiligen oder nicht? Wenn also, wie im Fall von Kriegseinsätzen, sowohl das Für als auch das Wider für Deutschland mit dem Nationalsozialismus belegt werden kann, wäre als Faustregel wünschenswert, das Dritte Reich lieber gar nicht zu bemühen.

Was ebenfalls nicht mehr funktioniert, ist das Pathos der Nachkriegsgeneration. Es mag in den Sechzigern, Siebzigern und Achtzigern gute Gründe gegeben haben, in der Auseinandersetzung um die Tabuisierung von Weltkrieg und Völkermord schweres moralisches Geschütz aufzufahren. Natürlich haben viele Deutsche zwischen 1933 und 1945 ungezählte »Verbrechen« und »Gräueltaten« begangen, natürlich wird das als vermutlich »dunkelstes Kapitel« in die deutsche Geschichte eingehen. Und natürlich waren diese »menschenverachtend«, »schrecklich«, »mörderisch« und »barbarisch«. Auch wenn es immer einige Uneinsichtige geben mag, ist dies heute weitgehend

Konsens, wodurch dieses Vokabular äußerster Betroffenheit zum Problem geworden ist. Weil es sehr wortreich vorwegnimmt und zu bestimmen versucht, was man angesichts der Verbrechen und Toten nur persönlich empfinden kann: Entsetzen, Trauer und die Entschlossenheit, gegen solche Unmenschlichkeit selbst einzutreten. Meist sind es nicht die großen Worte, die große Wirkung zeigen, sondern zurückhaltende, unaufdringliche Formulierungen, die Platz für eigene Gefühle lassen. Richard von Weizsäckers Rede zum Tag des Endes des Zweiten Weltkrieges am 8. Mai 1985 ist ein Beispiel, wie dies gelingen kann, ohne zu verschweigen oder zu beschönigen: »Der 8. Mai ist für uns vor allem ein Tag der Erinnerung an das, was Menschen erleiden mussten. Er ist zugleich ein Tag des Nachdenkens über den Gang unserer Geschichte. Je ehrlicher wir ihn begehen, desto freier sind wir, uns seinen Folgen verantwortlich zu stellen.«

Meinung jedenfalls wird mit Hitler en masse gemacht. Dabei ist das Argument »Hitler« stets ein Negativum – Hitler sind immer, immer nur die anderen. Überhaupt sollte man sich mehr mit den selbst ernannten Wächtern beschäftigen, die vielleicht sogar in bester Absicht reflexartig und undifferenziert über alles urteilen, was die Worte »Hitler« und »Holocaust« beinhaltet, jedoch nicht dem üblichen Trauer- und Betroffenheitsgestus entspricht. Dazu nochmals Henryk M. Broder: »Wenn das Thema Auschwitz zur Sprache kommt, schreien die Gelegenheitsantifaschisten sofort auf: ›Schrecklich! Ein Jahrhundertverbrechen, ein Zivilisationsbruch!‹ Und positionieren sich auf der Seite der Guten – ganz ohne Risiko und Aufwand«(*Telepolis*, 14. 2. 2009).

Dass diese stets dann auftreten, wenn der Diskurs schmerzhaft zu werden droht, sollte stutzig machen. Eigentlich ist dieser Schmerz nämlich ein gutes Zeichen. Weil wir uns dieser historisch-politischen Wunde namens Hitler-Deutschland nähern. Die weiterhin existiert, wie sich allein an Aberdutzenden von Leitartikeln und Titelbildern ablesen lässt, die immer und immer wieder fragen: Darf man über Hitler lachen? Als wäre das Problem im Umgang mit Hitler der Humor – und nicht die anhaltende Banalisierung. Statt die Respektlosigkeit im Lachen zu sehen, könnte man zur Abwechslung ja auch fragen: Darf man mit Hitler Politik machen? Geschichte? Identität? Meinung? Theater? Kunst? Werbung?

Es ist schon etwas eigenartig, dass sich nur wenige an der Instrumentalisierung Hitlers stören, solange dabei ein ernstes Gesicht aufgesetzt wird und der Eindruck entsteht, dass man Hitler getrost für die eigene Sache einspannen darf, sofern gewisse Grenzen respektiert werden. Zum Beispiel, dass man mögliche Zeitzeugen in der eigenen Verwandtschaft oder Nachbarschaft in Ruhe lässt, dass man keine unangenehmen Fragen stellt. Eine »Kultur der Entschuldigung«, wie Georg Seeßlen das genannt hat.

Vielmehr kann man bisweilen den Eindruck gewinnen, dass die Auseinandersetzung in Deutschland mit alt- oder neonazistischem Gedankengut oft erbärmlich oberflächlich ist: Wenn nicht gerade Hitler draufsteht oder ein Hakenkreuz zu sehen ist, stören sich verblüffend wenige an Antisemitismus und Rassenhass oder an genereller Fremdenfeindlichkeit.

Gleichzeitig muss man feststellen, dass im Allgemeinen Oberflächliches deutlich über Substanz steht. Jemand benutzt das Wort »Nazi« oder ein Symbol, das irgendwie im Entferntesten so aussieht wie ein Hakenkreuz oder an die Leni-Riefenstahl-Ästhetik erinnert, und sofort ist der Aufschrei riesig. Wer Nazisymbolik finden will, findet eben Nazisymbolik, und zwar überall. Dieser Reflex entpuppt sich als Nebelgranate: Man konzentriert sich auf Verdachtsmomente an der Oberfläche, um dann erschreckt auszurufen: O Gott, o Gott. Die Nazisymbolik ist wieder überall. Und gerade in Kulturproduktionen sind Hitler, Eva Braun und die Nazis kaum mehr als bessere Handpuppen, die man halt mal für beinahe jede Geschichte benutzen kann.

Überhaupt ist das tiefere Wissen über das Dritte Reich in der öffentlichen Diskussion oft ärgerlich gering. Die meisten kennen Hitler, Himmler, Goebbels, Göring, vielleicht noch Heydrich. Über diese maximal fünf »Supernazis« geht es kaum hinaus. Zudem führte das Tabu hinsichtlich des Nationalsozialismus in den Familien, Nachbarschaften, Dörfern dazu, dass Deutschland bis heute ein Land ist, in dem man es mit jeder noch so absurden Studie zu Hitler in die Presse schafft und in dem sich Titelgeschichten über die NS-Elite besser verkaufen als jedes andere Thema – in dem aber zugleich kaum jemand wirklich weiß, was die eigenen Eltern, Großeltern und Urgroßeltern tatsächlich in der Zeit des Dritten Reiches getan haben.

So verblüffend ist das indes nicht: Den mit der notwendigen und moralisch gebotenen Aufklärung und Aufarbeitung von Schuld verbundenen Bruch hätten vermutlich weder die Familien noch die Gesellschaft in der jungen Bundesrepublik überstanden. Am Ende dieses

Hin und Her zwischen Verdrängung und Auseinandersetzung stand schließlich ein Schlingerkurs, der viele Fragen offenließ – und viel zu viel Deutungsspielraum eröffnete, in dem bis heute Legenden und Mythen wuchern. Sowohl im Bereich von Familie und Gesellschaft als auch in Politik und Öffentlichkeit, einschließlich der Medien und des gesamten Kulturbetriebes.

Hitler sells – er ist ein zuverlässiger Verkaufsmagnet. Fragt sich nur, wo das aufklärerische Interesse bleibt. Oder der ernsthafte Ansatz. Der britische Historiker und Hitler-Kenner Ian Kershaw nahm gegenüber der *FAZ* im Juni 2008 folgendermaßen zu diesem Problem Stellung: »Es ist, wie auch immer, schwer zu erkennen, wie dies beitragen könnte zu einem besseren Verständnis der dramatischen Geschichte von Hitlers Aufstieg zur Macht in Deutschland, der Ausweitung seiner Macht über den deutschen Staat und das Volk, sowie der Expansion, des Kriegs, des brutalen Kriegs und des Völkermords, mit denen sein Name für immer unauslöschlich verbunden sein wird.«

Warum aber werden dann solche Geschichten gedruckt? Warum kaufen die Menschen die *Spiegel*-Ausgaben mit Hitler- und Himmler- und Goebbels-Titelgeschichten? Wieso konnte Guido Knopp mit seinen Hitler-Filmchen und -Büchern, die im Grunde keinerlei neue Erkenntnisse brachten, ein kleines Vermögen anhäufen? Warum gibt es im Shop der Gedenkstätte des Vernichtungslagers Auschwitz Postkarten zu kaufen, die die Gaskammern zeigen? Und wer kauft und verschickt die an seine Lieben?

Saul Friedländer, überhaupt einer der lesenswertesten Autoren zum Thema Nationalsozialismus, scheint diese inflationäre Entwicklung vorausgeahnt zu haben, als er 1984 in seinem Buch *Kitsch und Tod. Der Widerschein des Nazismus* schrieb: »Der Nazismus ist ein Phänomen der Vergangenheit, aber die Obsession, die er für die gegenwärtige Fantasie besitzt«, stellt »uns schließlich auch vor die Grundfrage, wie dieses Starren auf die deutsche Vergangenheit zu bewerten ist: als nostalgische Träumerei, als Gier nach Spektakulärem, als notwendiger Exorzismus und/oder anhaltendes Bemühen um Verständnis?«

Mittlerweile scheint es, als seien das Bemühen um Verständnis und die notwendige Teufelsaustreibung fast vollständig von der Gier nach Spektakulärem verdrängt worden. Harald Schmidt sagte in dem bereits mehrfach erwähnten Gespräch mit der *Süddeutschen Zeitung* über Hitler: »Ich hab's nicht gezählt, aber es gibt gefühlte zwei Hitler-Titelseiten pro Monat. Das Letzte, was ich gesehen habe, habe ich schon nicht mehr gelesen, und ich gerate ins Stocken, weil ich ja keinen Schlussstrich ziehen oder wegschauen und auf keinen Fall sagen will: Jetzt reicht es aber. Mein Speicher ist momentan gut gefüllt mit Führer-Infos. Was ich schon nicht mehr verfolgen konnte, war ›Hitler und die Bombe‹ und auch ›Hitler träufelte sich Kokain in die Augen‹. Das eröffnet ganz neue Aspekte beim Führer.«

Als ich vor mittlerweile über fünf Jahren begann, für die Onlineausgabe der Tageszeitung *taz* das sogenannte *Hitlerblog* zu füllen, wurde sehr schnell klar, dass ich da Pandoras Büchse geöffnet hatte. In diesen Jahren ist keine, wirklich keine Woche vergangen, in der Hitler nicht Thema in der Presse gewesen wäre, in der nicht irgendein Kasper einen mal guten, mal schlechten Hitler-Witz gemacht hätte oder in der die Symbole und Begriffe des Dritten Reiches nicht in einem abwegigen oder ärgerlichen Kontext aufgetaucht wären. Wirklich: keine einzige Woche. Von Thomas Bernhard gibt es ein dazu passendes, sehr treffendes Dramolett aus dem Jahr 1978 mit dem Titel *Der deutsche Mittagstisch*, das 1988 im gleichnamigen Bernhard-Band bei Suhrkamp erschienen ist: »Es ist immer das Gleiche, kaum sitzen wir bei Tisch an der Eiche, findet einer einen Nazi in der Suppe. Und statt der guten alten Nudelsuppe bekommen wir jeden Tag die Nazisuppe auf den Tisch. Lauter Nazis statt Nudeln.«

Damals ging ich davon aus, dass die Hitlereien seit dem Zweiten Weltkrieg ständig zugenommen hätten, weil mit wachsender Distanz auch der eröffnete Spielraum größer geworden sei. Im Grunde stimmt das zumindest als Faustregel, wobei sich allerdings in Deutschland ein weiteres Phänomen beobachten lässt: Es ist mit der Zeit zwar zunehmend üblicher geworden, Unterhaltung mit Hitler zu betreiben, gleichzeitig aber ist auch die Empörung darüber gewachsen.

Ärgerlich ist dabei vor allem die erhebliche Lautstärke und die geringe Halbwertzeit der Hitler-Skandale. Auf ein Strohfeuer der öffentlichen Erregung folgt immer wieder Schweigen, und bald wird die nächste Nazisau durchs Dorf getrieben. Und so führen die ständigen Skandale zu keinerlei Erkenntnisgewinn. Idealerweise wäre das ja ein Kommunikationsanlass, um über den Hitler-Wahn, die Ängste, Symbole und Tabus zu sprechen. Stattdessen sieht man immer nur Titelgeschichten über Hitlers letzte Stunden und liebste Hunde. Die Boulevardisierung des Themas hat die Substanz längst verdrängt.

Vielleicht ist diese Banalisierung auch nur die erste Stufe einer schrittweise Einzug haltenden Historisierung. Das Dritte Reich verliert seine Unmittelbarkeit, die Zeitzeugen sterben, und es werden dringend neue Wege gesucht, wie man den Nachgeborenen den Schrecken anschaulich machen kann. Saul Friedländer sagte in einem Interview mit der *Zeit* dazu: »Irgendwann wird man Bücher über das ›Dritte Reich‹ und den Holocaust lesen wie heute Cäsars *Gallischen Krieg*. So wird es kommen, da hilft nichts.«

Und Charlie Chaplin sagte: »In the end, everything is a gag.«

Ausgewählte Literatur zum Thema

Avraham Burg: *Hitler besiegen: Warum Israel sich endlich vom Holocaust lösen muss,* Campus Verlag, 2009.

Henryk M. Broder: *Zu Hitler fällt mir etwas ein,* in: Spiegel Spezial 2/1989 *100 Jahre Hitler,* SPIEGEL-Verlag Rudolf Augstein, 1989.

Saul Friedländer: *Kitsch und Tod: Der Widerschein des Nazismus,* Fischer Taschenbuch, 2007.

Cornelia Gockel: *Zeige deine Wunde: Faschismusrezeption in der deutschen Gegenwartskunst,* Verlag Silke Schreiber, 1998.

Hannes Heer: *Hitler war's: Die Befreiung der Deutschen von ihrer Vergangenheit,* Aufbau Verlag, 2008.

Steven Heller: *Iron Fists: Branding the 20th-Century Totalarian State,* Phaidon Press, 2008.

Rudolph Herzog: *Heil Hitler, das Schwein ist tot! Lachen unter Hitler – Komik und Humor im Dritten Reich,* Eichhorn Verlag, 2006.

Victor Klemperer: *LTI: Notizbuch eines Philologen,* Kiepenheuer & Witsch, 2008.

Andreas Koop: *NSCI: Das visuelle Erscheinungsbild der Nationalsozialisten 1920–1945,* H Schmidt Mainz, 2008.

Oliver Polak: *Ich darf das, ich bin Jude,* Reclam, 2007.

Gavriel D. Rosenfeld, *The World Hitler Never Made:*

Alternate History and the Memory of Nazism, Cambridge University Press, 2005.

Cornelia Schmitz-Berning: *Vokabular des Nationalsozialismus,* Verlag Walter de Gruyter, 2001.

Georg Seeßlen: *Tanz den Adolf Hitler. Faschismus in der populären Kultur* (herausgegeben von Klaus Bittermann), edition TIAMAT, 2001.

Georg Seeßlen: *Natural Born Nazis. Faschismus in der populären Kultur* (herausgegeben von Klaus Bittermann), edition TIAMAT, 1996.

Marcus Stiglegger: *Nazi-Chic und Nazi-Trash: Faschistische Ästhetik in der populären Kultur,* Bertz + Fischer, 2011.

Marcus Stiglegger: *Sadiconazista: Faschismus und Sexualität im Film,* Gardez!-Verlag, 1999.

James E. Young: *At Memory's Edge: After-Images of the Holocaust in Contemporary Art and Architecture,* Yale University Press, 2002.

Dank

Meiner Familie und Johanna Korneli für die endlose Geduld, Robert Vialyos für Ordnung und Hilfe in Not, Ulrike Nikel für Geduld und Mühen, Michael Brake für diese eine Mail, Mathias Broeckers, Samuel Talleux und Peter Scheibe bei der *taz* für die Unterstützung, den Fucking German Nazi Kids für die Vorarbeit sowie Lukas Heinser (bekannt durch: »Schlimmer als Hitlerkrebs – Missglückte Rhetorik für Profis«), Sascha Lobo, Klaus Caesar Zehrer, Friederike Sinning, Theresa Bäuerlein, Daniela Pass, Björn Szostak, Christian Ihle, Linda Hintz, Rochus Wolff, Andrea Hanna Hünniger, Pawel Mordel, Frédéric Valin, Stefan Niggemeier, Christoph Koch, Christian Y. Schmidt, Heinrich Dubel, der »Beobachtungsgruppe Swastika«, Patrick Gensing, Malte Welding, Achmed Khammas, Gerhard Seyfried, Jörg Schröder & Barbara Kalender, Samy Deluxe, Max Mosley und Tanja Irion, Julian Kickbusch sowie den unermüdlichen Hinweisgebern David Sneek, Hanno Endres, Giles Bennett, Friedrich Hanisch, Peter Grosse, Karin Pointner, Uwe Keim, Clemens Hell, Florian Besch, Malte Dahlgrün, Martin John, Sebastian Mayer, Stefan Ziemendorff und all den anderen Leserinnen und Lesern des Hitlerblogs, ohne deren viele Hundert Hinweise und Vorschläge weder das Blog noch das Buch möglich gewesen wären.

Bildnachweis

Seite 12, 62, 68, 118, 120, 122, 126, 218: © *Titanic*

Seite 15: © *Spiegel Spezial* 2/1989

Seite 17: Walter Moers/Eichborn

Seite 20: Constantin Film (Screenshot von Youtube, der Film wurde dort zwischenzeitlich gelöscht)

Seite 27: © http://ahoipolloi.blogger.de

Seite 34: »The Daily Show with Jon Stewart«, 13. November 2008, Minute 0:15 (http://www.thedailyshow.com/watch/thu-november-13-2008/obama-and-hitler)

Seite 37: Animal Liberation Front

Seite 38: »The Colbert Report«, 06. April 2006, Minute 1:03 (http://www.colbertnation.com/the-colbert-report-videos/61402/april-06-2006/the-word---nazis)

Seite 38: »The Daily Show with Jon Stewart« (http://www.christiangrantham.com/wp-content/uploads/2011/01/rallyhitler.jpg)

Seite 48: © ZUMA PRESS, Inc./actionpress

Seite 55: Alibri Verlag GmbH (http://www.imdb.com/media/rm206479104/tt0109044)

Seite 57: © http://hipsterhitler.com/

Seite 65: Austria Airlines/*Der Standard* (http://images.derstandard.at/2009/09/23/1253602190640.jpg)

Seite 66: Ölbaum Verlag (http://www.oelbaum-verlag.de/?product_id=9)

Seite 75: Verein Regenbogen e.V./Werbeagentur »das comitee« (http://4.bp.blogspot.com/-oltA2_2dOic/TV1CxEgRJCI/AAAAAAAAAH8/Dp3KhvKqUsY/s1600/HitlerAids.jpg)

Seite 76: Advertisers Without Borders, Argentina (http://adsoftheworld.com/media/print/drunk_driving_hitler)

Seite 77: Cancer Patients Aid Association/Euro Rscg India (http://www.coloribus.com/adsarchive/prints/anti-smoking-campaign-hitler-7921105/)

Seite 78: F/Nazca Saatchi & Saatchi, Brazil (http://adsoftheworld.com/media/print/unimed_hitler?size=_original)

Seite 79: http://www.africadirecto.org/ (http://creativecriminals.com/compilations/hitler-tising/)

Seite 80: ©picture alliance/Everett Collection

Seite 81: Miami AD School/NRDC (http://i.bnet.com/blogs/nrdc_hitler.jpg)

Seite 82: Hell Pizza New Zealand (http://www.creativecriminals.com/images/hitler48.jpg)

Seite 84: Art Grup, Istanbul, Turkey (http://adsoftheworld.com/media/print/rasayana_tea_rose)

Seite 85: Dentsu, Indonesia (http://adsoftheworld.com/media/print/chopstix_hitler)

Seite 86: Latex Condoms (http://www.adweek.com/adfreak/use-condom-thwart-evil-hitler-sperm-14341)

Seite 87: Ogilvy South Africa (http://www.coloribus.com/adsarchive/prints/unknownadvertiser-hitler-mugabe-9295005/)

Seite 88: Graffiti BBDO (http://adsoftheworld.com/files/images/HITLER.jpg)

Seite 89: Hewlett-Packard/ Publicis Communications, Delhi (http://de.advertolog.com/hp-6219205/printwerbung/hitler-13304255/)

Seite 90: Hut Weber, Bonn (http://www.adweek.com/adfreak/hat-company-breaks-germans-hitler-taboo-16000)

Seite 91: Kunsthistorisches Museum Wien (http://adsoftheworld.com/media/print/khm_kunsthistorisches_museum_hitler)

Seite 92: Nulaid Eggs/The Jupiter Drawing Room, South Africa

Seite 93: Leo Burnett Mumbai, India (http://adsoftheworld.com/media/print/luxor_highlighters_hitler)

Seite 94: McCann Worldgroup, Mumbai, India (http://adsoftheworld.com/media/print/onida_hitler)

Seite 104: Günter Neumann/Paul Steegemann

Seite 109: *MAD*, USA (http://madcoversite.com/mad125.html)

Seite 110: *National Lampoon*, USA (http://www.marksverylarge.com/issues/7203.html)

Seite 112: *Lui*, France (http://www.zensur-archiv.de/index.php/Zeitungen#.22Lui.22:_Hitler_mit_Pin-ups.2C_1973)

Seite 114: *Pardon/Der Spiegel* (http://wissen.spiegel.de/wissen/image/show.html?did=41926348&aref=image035/E0538/PPM-SP197304202140216.pdf&thumb=false)

Seite 123: Walter Moers/Eichborn (http://home.arcor.de/wanabe/Daniel%2004-05/Walter.Moers.-.Adolf.die.Nazisau.Teil.1.pdf)

Seite 153: The Residents/Mute Records (http://en.wikipedia.org/wiki/The_Third_Reich_'n_Roll)

Seite 167: Maurizio Cattelan/Galerie Emmanuel Perrotin (http://www.perrotin.com/fiche.php?id_pop=6510&&idart=2&&dossier=Maurizio_Cattelan&&num=27&&p=3)

Seite 169: © Maurizio Cattelan/Galerie Emmanuel Perrotin (http://leribellule.noblogs.org/?attachment_id=513)

Seite 172: © Galerie Raster, Poland (http://raster.art.pl/galeria/artysci/libera/lego/XL_libera_lego_02.jpg)

Seite 173: © Alan Schachner (http://www.dottycommies.com/holocaust01.html)

Seite 175: © the artist / White Cube

Seite 176: © the artist / White Cube

Seite 177: © The Heartfield Community of Heirs; VG Bildkunst, Bonn 2011

Seite 178: © akg-images/Erich Lessing; VG Bildkunst, Bonn 2011

Seite 179: George Crosz (http://heyokamagazine.com/HEYOKA.2.PAINT.GROZ.htm)

Seite 180: © Anselm Kiefer/Sammlung Bastian

Seite 185: © The Estate of Jörg Immendorff, Courtesy Galerie Michael Werner Märkisch Wilmersdorf, Köln & New York

Seite 195: © courtesy Privatsammlung, Hannover RZAH, 2009, MDF lackiert Durchmesser: 180 cm x Tiefe: 3,5 cm, Installationsansicht: CARBON 12, Dubai 2010, Installationsansicht: Arndt & Partner, Berlin

Seite 196: © Gerhard Seyfried